1 **Bestandteile und Aufbau des ZNS**

2 **Entwicklung**

3 **Hirnnerven**

4 **Rückenmark**

5 **Makroskopie des Gehirns**

6 **Medulla oblongata und Pons**

Anhang

Index

Andreas Martin
Anatomie Band 2
MEDI-LEARN Skriptenreihe

6., komplett überarbeitete Auflage

MEDI-LEARN Verlag GbR

Autor: Andreas Martin
Fachlicher Beirat: PD Dr. Rainer Viktor Haberberger

Teil 2 des Anatomiepaketes, nur im Paket erhältlich
ISBN-13: 978-3-95658-000-0

Herausgeber:
MEDI-LEARN Verlag GbR
Dorfstraße 57, 24107 Ottendorf
Tel. 0431 78025-0, Fax 0431 78025-262
E-Mail redaktion@medi-learn.de
www.medi-learn.de

Verlagsredaktion:
Dr. Marlies Weier, Dipl.-Oek./Medizin (FH) Désirée Weber, Denise Drdacky, Jens Plasger, Sabine Behnsch, Philipp Dahm, Christine Marx, Florian Pyschny, Christian Weier

Layout und Satz:
Fritz Ramcke, Kristina Junghans, Christian Gottschalk

Grafiken:
Dr. Günter Körtner, Irina Kart, Alexander Dospil, Christine Marx

Illustration:
Daniel Lüdeling

Druck:
A.C. Ehlers Medienproduktion GmbH

6. Auflage 2014
© 2014 MEDI-LEARN Verlag GbR, Marburg

Das vorliegende Werk ist in all seinen Teilen urheberrechtlich geschützt. Alle Rechte sind vorbehalten, insbesondere das Recht der Übersetzung, des Vortrags, der Reproduktion, der Vervielfältigung auf fotomechanischen oder anderen Wegen und Speicherung in elektronischen Medien.
Ungeachtet der Sorgfalt, die auf die Erstellung von Texten und Abbildungen verwendet wurde, können weder Verlag noch Autor oder Herausgeber für mögliche Fehler und deren Folgen eine juristische Verantwortung oder irgendeine Haftung übernehmen.

Wichtiger Hinweis für alle Leser
Die Medizin ist als Naturwissenschaft ständigen Veränderungen und Neuerungen unterworfen. Sowohl die Forschung als auch klinische Erfahrungen führen dazu, dass der Wissensstand ständig erweitert wird. Dies gilt insbesondere für medikamentöse Therapie und andere Behandlungen. Alle Dosierungen oder Applikationen in diesem Buch unterliegen diesen Veränderungen.
Obwohl das MEDI-LEARN Team größte Sorgfalt in Bezug auf die Angabe von Dosierungen oder Applikationen hat walten lassen, kann es hierfür keine Gewähr übernehmen. Jeder Leser ist angehalten, durch genaue Lektüre der Beipackzettel oder Rücksprache mit einem Spezialisten zu überprüfen, ob die Dosierung oder die Applikationsdauer oder -menge zutrifft. Jede Dosierung oder Applikation erfolgt auf eigene Gefahr des Benutzers. Sollten Fehler auffallen, bitten wir dringend darum, uns darüber in Kenntnis zu setzen.

Inhalt

1	**Bestandteile und Aufbau des ZNS** 1	3.8	N. facialis (Hirnnerv VII) 20

1   **Bestandteile und Aufbau des ZNS**   1

1.1   Gliederung des Nervensystems 1
1.1.1   Zentrales Nervensystem 1
1.1.2   Peripheres Nervensystem 1
1.1.3   Somatisches Nervensystem 1
1.1.4   Vegetatives Nervensystem 1
1.2   Histologie des Nervensystems 2
1.2.1   Aufbau eines Neurons 2
1.2.2   Neuronentypen 4
1.2.3   Einteilung der Nervenfasern 5
1.2.4   Gliagewebe 5
1.2.5   Blut-Hirn-Schranke 7
1.2.6   Ganglien 7

2   **Entwicklung**   8

2.1   Embryonale Entwicklung des Nervensystems 9
2.1.1   Induktion 9
2.1.2   Neurulation 9
2.1.3   Bläschenformation 9
2.2   Kiemenbögen und deren Derivate 10

3   **Hirnnerven**   15

3.1   Makroskopie – Wiederholung 15
3.2   Nervus olfactorius (Hirnnerv I) 16
3.3   Nervus opticus (Hirnnerv II) 16
3.4   Nervus oculomotorius (Hirnnerv III) 17
3.5   N. trochlearis (Hirnnerv IV) 17
3.6   N. trigeminus (Hirnnerv V) 18
3.6.1   N. ophthalmicus (V1) 19
3.6.2   N. maxillaris (V2) 19
3.6.3   N. mandibularis (V3) 19
3.7   N. abducens (Hirnnerv VI) 20
3.8   N. facialis (Hirnnerv VII) 20
3.9   N. vestibulocochlearis (Hirnnerv VIII) ... 21
3.10   N. glossopharyngeus (Hirnnerv IX) 22
3.11   N. vagus (Hirnnerv X) 23
3.12   N. accessorius (Hirnnerv XI) 23
3.13   N. hypoglossus (Hirnnerv XII) 24
3.14   Parasympathische Kopfganglien 24
3.14.1 Ganglion ciliare 25
3.14.2 Ganglion pterygopalatinum 25
3.14.3 Ganglion submandibulare 25
3.14.4 Ganglion oticum 25

4   **Rückenmark**   30

4.1   Makroskopie 30
4.2   Rückenmarkshäute 32
4.3   Räume im und um das Rückenmark ... 32
4.4   Graue und weiße Substanz 32
4.4.1   Hinterhorn 34
4.4.2   Seitenhorn 34
4.4.3   Vorderhorn 34
4.5   Reflexe 35
4.5.1   Muskeleigenreflex 35
4.5.2   Renshaw-Hemmung 35
4.5.3   Fremdreflex 36
4.6   Bahnen 36
4.6.1   Sensible (aufsteigende) Bahnen 36
4.6.2   Motorische (absteigende) Bahnen 37
4.7   Gefäßversorgung 39

5   **Makroskopie des Gehirns**   41

5.1   Topografische Achsen 41
5.2   Lateralansicht des Gehirns 42
5.3   Basalansicht des Gehirns 43
5.4   Medialansicht des Gehirns 44

6	Medulla oblongata und Pons	48
6.1	Topografie	48
6.2	Hirnnervenkerne	49
6.2.1	Lage der Hirnnervenkerne im Hirnstamm	49
6.3	Kernkomplexe in Medulla oblongata und Pons	55
6.3.1	Olivenkernkomplex	55
6.3.2	Ncll. pontis (Brückenkerne)	55
6.3.3	Ncl. gracilis und Ncl. cuneatus	56

FRÜHZEITIG ANMELDEN

WWW.MEDI-LEARN.DE/SKR-ERGEBNISSE

PHYSIKUMSERGEBNISSE SCHON AM PRÜFUNGSTAG

EXAMENS-ERGEBNISSE

1 Bestandteile und Aufbau des ZNS

 Fragen in den letzten 10 Examen: 1

Dieses Kapitel soll dir einen groben Überblick über das Nervensystem geben. Besprochen werden die Gliederung des Nervensystems nach verschiedenen Gesichtspunkten, der Aufbau eines Neurons, verschiedene Typen von Neuronen und die Markscheidenbildung. Weiterführende histologische Details findest du im Skript Histologie 2.

1.1 Gliederung des Nervensystems

Das Nervensystem kann unterteilt werden in
- das zentrale Nervensystem (ZNS) und
- das periphere Nervensystem (PNS).

Eine weitere Einteilungsmöglichkeit des Nervensystems ist die in
- das somatische Nervensystem und
- das vegetative Nervensystem.

1.1.1 Zentrales Nervensystem

Das zentrale Nervensystem umfasst Gehirn und Rückenmark, die beide von den Meningen (Hirn-/Rückenmarkshäuten) umschlossen werden und im Liquor cerebrospinalis (Hirnwasser) schwimmen. Nach außen sind sie durch den Schädel/die Wirbelsäule vor direkter Verletzung geschützt. Dadurch werden Schädigungen wie z. B. durch Stoß oder Schlag wirkungsvoll minimiert. Makroskopisch lassen sich im ZNS graue von weißer Substanz (für den Unterschied zwischen Gehirn und Rückenmark s. 4.4, S. 32) sowie Rinde, Mark und Kerngebiete unterscheiden.

1.1.2 Peripheres Nervensystem

Das periphere Nervensystem hat zwei Aufgaben:
- die Sensibilität und
- die Motorik.

Es empfängt Reize aus der Peripherie und leitet diese an das ZNS weiter (Sensibilität). Gleichzeitig leitet es die Impulse des ZNS in die Peripherie mit nachfolgender Muskelkontraktion (Motorik). Um diesen großen Aufgaben gerecht zu werden, hat der Körper eine Vielzahl von Nerven, die entweder sensible oder motorische oder beide Qualitäten aufweisen.

1.1.3 Somatisches Nervensystem

Das somatische Nervensystem (animalisches Nervensystem) dient der willkürlichen Anspannung der Muskeln und der bewussten (sensiblen) Wahrnehmung aus der Peripherie. Es findet sich sowohl im ZNS als auch im PNS.

1.1.4 Vegetatives Nervensystem

Statt vegetativ werden synonym auch die Begriffe autonom und viszeral verwendet. Viscera kommt aus dem Lateinischen und bedeutet Eingeweide. Damit erklärt sich die Funktion des vegetativen Nervensystems fast von allein: Es steuert unbewusst und unwillkürlich die inneren Organe und dient damit der Lebenserhaltung.

1 Bestandteile und Aufbau des ZNS

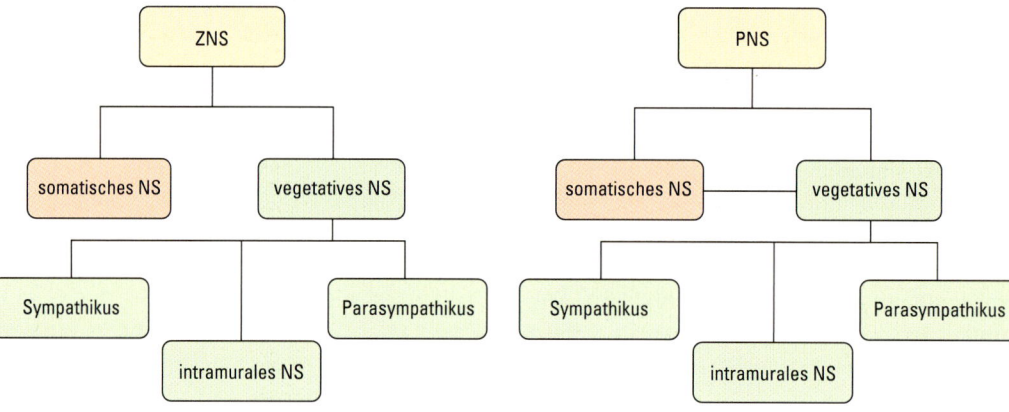

Abb. 1: Hierarchische Gliederung des Nervensystems

medi-learn.de/6-ana2-1

> **Merke!**
> - Der Sympathikus lässt die Pupillen weit werden, Darmtätigkeit, Harn- und Stuhldrang werden unterdrückt, die Haut beginnt zu schwitzen, Herzfrequenz und Atmung werden schneller, die Muskeldurchblutung steigt.
> - Der Parasympathikus verengt die Pupillen, die Darmtätigkeit wird angeregt, Herzfrequenz und Atmung werden langsamer.

Daneben gibt es das Darmnervensystem (enterisches Nervensystem), das eines der intramuralen Nervensysteme unseres Körpers ist. Seine Neurone liegen in den Wänden des Gastrointestinaltrakts und koordinieren die Muskelaktivität (Peristaltik) des Darmrohres. Man unterscheidet dabei den
- Plexus myentericus (Auerbach-Plexus) zwischen der Längs- und Ringmuskelschicht und den
- Plexus submucosus (Meißner-Plexus) zwischen der Mucosa und der Submucosa.

1.2 Histologie des Nervensystems

Das Nervensystem besteht aus dem Nervengewebe und einem dazwischen gelagerten speziellen Bindegewebe. Das Nervengewebe besteht aus **Neuronen**, das Bindegewebe aus **Gliazellen**.

Um die im nachfolgenden Text verwendeten Begriffe wie z. B. Erregungsübertragung, Umschaltung von prä- auf postganglionär usw. zu verstehen, wird zunächst der Aufbau eines Neurons beschrieben:

1.2.1 Aufbau eines Neurons

Ein Neuron ist die kleinste funktionelle Einheit im Nervensystem. Jedes Neuron besteht aus einem **Soma/Perikaryon** (Zellkörper, s. Abb. 2, S. 3) mit Zellkern nebst Nukleolus und einem oder mehreren Fortsätzen. Die Zellfortsätze, die Erregung von anderen Zellen empfangen, werden **Dendriten** genannt. Diejenigen Fortsätze, die der Erregungsweitergabe dienen, werden **Axone** (Neuriten) genannt. Meist besitzt ein Neuron nur ein Axon, das aber bis zu einem Meter lang sein kann.

Das Perikaryon ist die Stoffwechselzentrale des Neurons. Hier werden alle Substanzen

1.2.1 Aufbau eines Neurons

gebildet und in die Fortsätze transportiert. Als Ausdruck der hohen Stoffwechselaktivität ist das raue endoplasmatische Retikulum im Perikaryon besonders stark ausgeprägt. Im Bereich des Axonursprungs (Axonkegels) dagegen fehlt es. Das raue ER und freie Ribosomen liegen in Gruppen zusammen, die aufgrund ihrer Basophilie lichtmikroskopisch nach Färbung gut darstellbar sind und **Nissl-Schollen (Tigroid)** genannt werden.

Übrigens …
Fertig ausdifferenzierte Neurone besitzen keine Zentriolen mehr, d. h. sie können sich nicht mehr teilen. Nach der Geburt untergegangene Nervenzellen können daher nie mehr ersetzt werden.

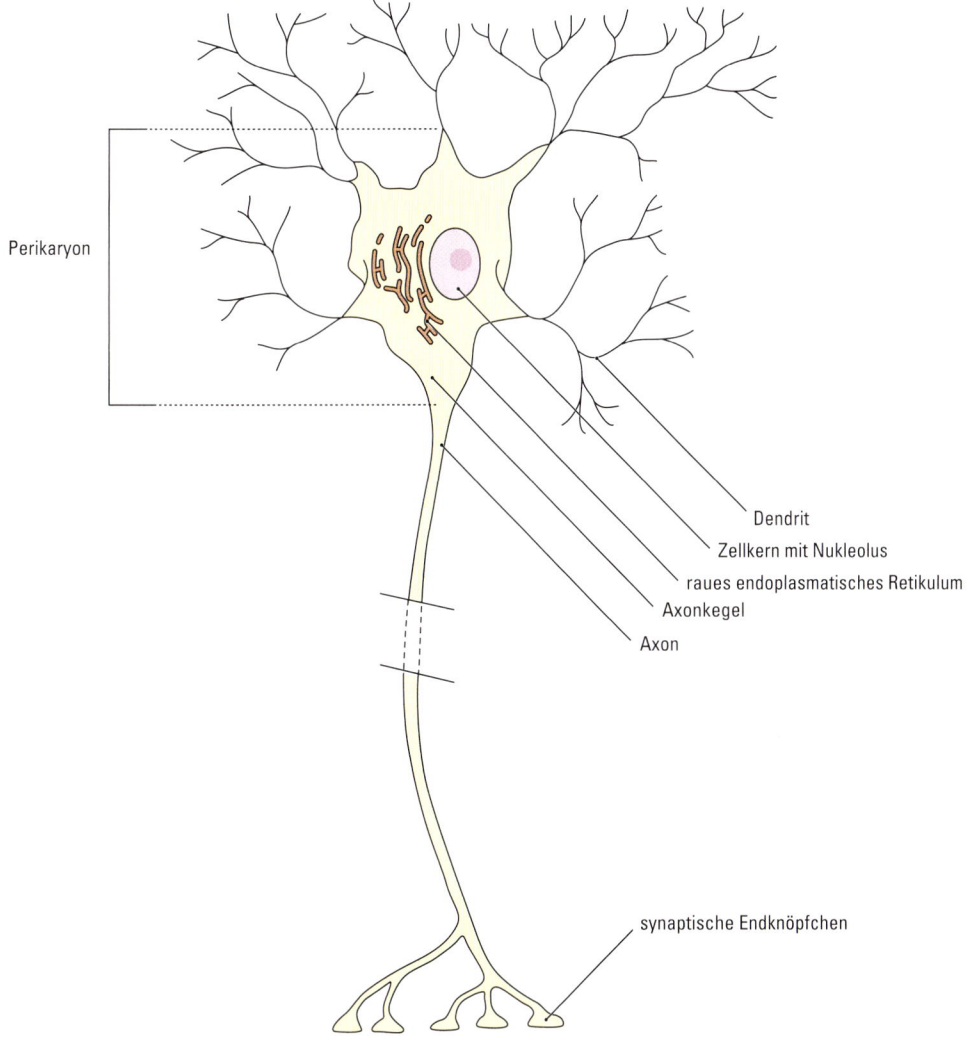

Abb. 2: Aufbau eines Neurons   *medi-learn.de/6-ana2-2*

1 Bestandteile und Aufbau des ZNS

Kontaktstellen zwischen Neuronen werden **Synapsen** genannt (mehr zur Funktion von Synapsen s. Skript Physiologie 3). Die im ZNS vorkommenden chemischen Synapsen verwenden verschiedene Neurotransmitter zur Überbrückung des synaptischen Spalts. Diese Neurotransmitter können sowohl erregend als auch hemmend sein. Wie das Neuron letztendlich auf all die an den Dendriten und dem Soma ankommenden Reize reagiert, hängt von der Anzahl der ankommenden erregenden und hemmenden Impulse ab. Vereinfacht kann gesagt werden:

> **Merke!**
>
> Antwort Neuron = Summe erregende Impulse – Summe hemmende Impulse

Die Erregung kann aufgrund des Aufbaus der Synapsen im Axon und den Dendriten nur in eine Richtung weitergeleitet werden.

1.2.2 Neuronentypen

Anhand der Fortsätze, die vom Perikaryon abgehen, unterscheidet man verschiedene Neuronentypen (s. IMPP-Bild 1, S. 59).
– Multipolare Neurone kommen am häufigsten vor. Vom Perikaryon nehmen bei diesem Typus mehr als zwei Fortsätze ihren Ursprung.
– Bipolare Neurone besitzen einen reizwahrnehmenden Fortsatz und ein Axon.
– Pseudounipolare Neurone finden sich in sensiblen Ganglien. Vom Perikaryon entspringt nur ein Fortsatz, der sich dann in einen axonalen und einen dendritischen Fortsatz aufspaltet.

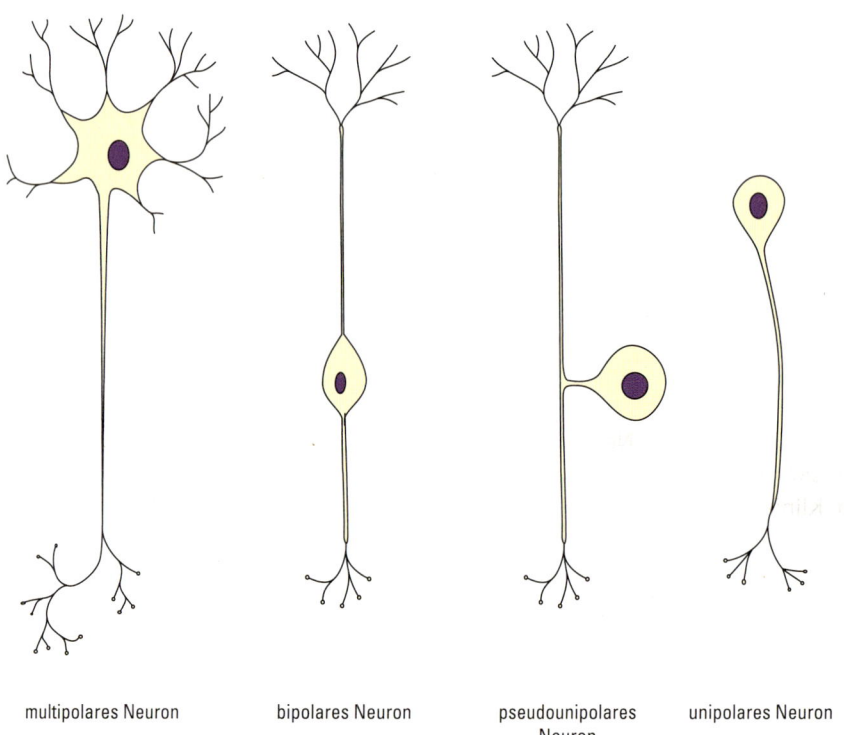

multipolares Neuron   bipolares Neuron   pseudounipolares Neuron   unipolares Neuron

Abb. 3: Neuronentypen

medi-learn.de/6-ana2-3

- Bei unipolaren Neuronen fehlen die reizwahrnehmenden Fortsätze. Sie besitzen nur ein Axon. Die Reizwahrnehmung erfolgt über Synapsen am Perikaryon oder Axon.

> **Merke!**
>
> Multipolare Neurone sind am häufigsten.

1.2.3 Einteilung der Nervenfasern

Die Leitungsgeschwindigkeit einer Nervenfaser steigt proportional zu ihrem Durchmesser. Man unterteilt die Nervenfasern in drei Klassen:
- A (am schnellsten, markhaltig),
- B (mittelschnell, dünn myelinisiert) und
- C (am langsamsten, marklos).

Innerhalb der Klasse A gibt es noch die Einteilung in Aα (am allerschnellsten), Aβ, Aγ und Aδ (langsamste der Schnellen).

1.2.4 Gliagewebe

Gliagewebe ist für die Funktion des Nervensystems absolut unentbehrlich. Es unterstützt Neurone und gibt dem Nervensystem seinen räumlich zusammenhängenden Aufbau. Gliazellen füllen den Interneuralraum soweit aus, dass zwischen den einzelnen zellulären Elementen des ZNS nur noch ein spaltförmiger Inter- bzw. Extrazellularraum bestehen bleibt.

> **Übrigens ...**
>
> Im Gegensatz zu den Neuronen können sich die Gliazellen zeitlebens teilen. Klinisch relevant ist dies für die Narben- und Tumorbildung im ZNS.

Innerhalb der großen Gliazellgemeinde unterscheidet man periphere von zentralen Gliazellen, die unterschiedlicher embryonaler Abstammung sind.

Periphere Gliazellen

Periphere Gliazellen entstammen der **Neuralleiste**. Dabei handelt es sich vorrangig um **Schwann-Zellen**, die für die Myelinisierung (Markscheidenbildung, Ummarkung) der peripheren Nerven zuständig sind. Markscheiden dienen der elektrischen Isolierung.

Zwischen zwei Schwann-Zellen bleibt in aller Regel ein kleiner Spaltraum, an dem der Nervenfortsatz blank liegt. Durch die Kanäle im Bereich des Spaltraums wird die saltatorische (springende) Erregungsleitung ermöglicht, die eine hohe Nervenleitgeschwindigkeit zur Folge hat. Der Raum zwischen zwei Schwann-Zellen heißt **Ranvier-Schnürring**. Je größer dabei der myelinisierte Bereich (Internodium) zwischen zwei Ranvier-Schnürringen ist, desto höher ist auch die Nervenleitgeschwindigkeit. Während der Markscheidenbildung entstehen **Mesaxone**. Das sind Membranduplikaturen des äußeren und inneren Plasmalemms einer Schwann-Zelle (s. Abb. 4, S. 6).

Die langsam übertragenden marklosen Nerven sind auch von Schwann-Zellen zur elektrischen Isolierung umgeben. Dabei umfasst eine Schwann-Zelle mehrere Nervenfortsätze und man sieht im Querschnittsbild keine Lamellenstruktur (s. Abb. 4, S. 6).

> **Merke!**
>
> - Periphere Gliazellen entstammen der Neuralleiste (s. Abb. 5, S. 8).
> - Mesaxone entstehen während der Markscheidenbildung und sind Membranduplikaturen des Plasmalemms. Sie kommen sowohl bei markhaltigen als auch bei marklosen Nerven vor.

1 Bestandteile und Aufbau des ZNS

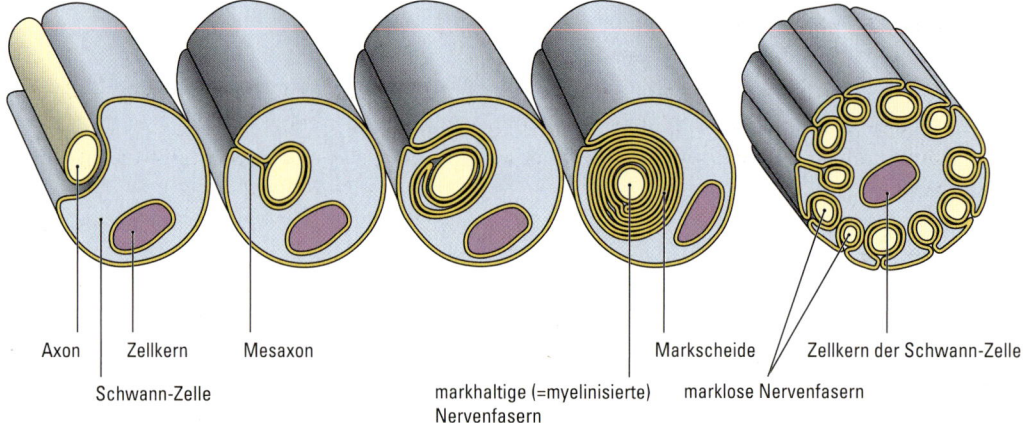

Axon | Zellkern | Mesaxon | Markscheide | Zellkern der Schwann-Zelle
Schwann-Zelle | markhaltige (=myelinisierte) Nervenfasern | marklose Nervenfasern

Abb. 4: Markscheidenbildung, Mesaxon *medi-learn.de/6-ana2-4*

Übrigens …
Wird ein Nervenzellfortsatz distal durchtrennt, kommt es zur Waller-Degeneration (anterograde oder orthograde Degeneration). Dabei stirbt der abgetrennte distale Teil ab und seine Markscheide zerfällt. Durch Proliferation/Wiederauswachsen der Schwann-Zellen kann die Markscheide neu gebildet werden. Sie dient als mechanische und chemische (durch Sekretion von Wachstumsfaktoren) Leitschiene für den – mit 1 mm pro Tag – neu auswachsenden Nerv.

Zentrale Gliazellen

Zentrale Gliazellen stammen wie die Neurone aus dem **Neuralrohr** ab. Sie nehmen ca. 50 % des Hirnvolumens ein. Man unterscheidet vier Typen:
- **Astrozyten**
- **Oligodendrozyten**
- **Mikro-/Mesoglia (Achtung! Abstammung vom Mesoderm)**
- **Ependymzellen**

Merke!
Gliazellen sind die wichtigsten unterstützenden Zellen des ZNS. Sie entstammen dem Neuralrohr (s. Abb. 5, S. 8).
Mikroglia-Zellen stammen nicht aus dem Neuralrohr, sondern vom Mesoderm ab.

Astrozyten. Astrozyten sind die Stützzellen des ZNS und ersetzen zugrunde gegangenes Gewebe (Glianarben). Mit ihren Fortsätzen ziehen sie zu den Blutgefäßen und wirken dort am Austausch von Nährstoffen und Stoffwechselprodukten zwischen Blut und Neuronen mit. Daher haben sie entscheidenden Anteil an der Ausbildung der Blut-Hirn-Schranke.

Oligodendrozyten. Die Oligodendrozyten sind die Markscheidenbildner des ZNS. Dabei umschließt der Oligodendrozyt mit seinen Fortsätzen mehrere Axone/Dendriten.

Übrigens …
Die Multiple Sklerose ist eine Autoimmunreaktion des Körpers gegen Oligodendrozyten. Dabei kommt es zum Abbau der Markscheiden. Die Folgen sind Lähmungen und Sensibilitätsverluste, die z. T. durch erneute Umhüllung der Nervenfortsätze reversibel sind.

Mikro- oder Mesoglia (Hortega-Zellen). Diese kleinen Gliazellen des ZNS sind nicht ortständig. Sie sind eingewanderte Makrophagen, die Abwehr- und Abräumaufgaben erfüllen. Sie entstammen als einzige Gliazellen dem Mesoderm.

Ependymzellen. Ependymzellen sehen wie hochprismatische Epithelzellen aus und kleiden die Ventrikel aus. Sie besitzen viele Mikrovilli als Ausdruck einer starken Sekretions-/Resorptionstätigkeit.

1.2.5 Blut-Hirn-Schranke

Die Blut-Hirn-Schranke besteht aus drei Schichten:
- Endothel der Kapillaren (innen),
- Basalmembran und
- Astrozytenfortsätzen (außen).

Sie ist selektiv durchlässig für Ethanol aufgrund seiner Lipidlöslichkeit und kann bei Infektionen oder Tumoren durchlässiger werden (Schrankenstörung).

1.2.6 Ganglien

Hier solltest du unbedingt folgende Begriffe auseinanderhalten:
- Ganglienzelle (andere Bezeichnung für Nervenzelle/Neuron) und
- Ganglion (Ansammlung von Nervenzellkörpern).

Die sensiblen Ganglien enthalten immer Perikaryen pseudounipolarer Neurone (Ausnahme: Bipolarzellen des sensorischen Ganglions von Hirnnerv VIII). In diesen Ganglien findet KEINE Umschaltung der Information statt.

2 Entwicklung

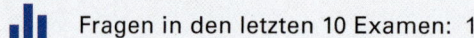
Fragen in den letzten 10 Examen: 1

In diesem Kapitel werden die Grundlagen der Entwicklung des Nervensystems besprochen (dazu mehr in Skript Anatomie 1). Ziel ist es, die Verschaltungen zwischen den Hirnab-

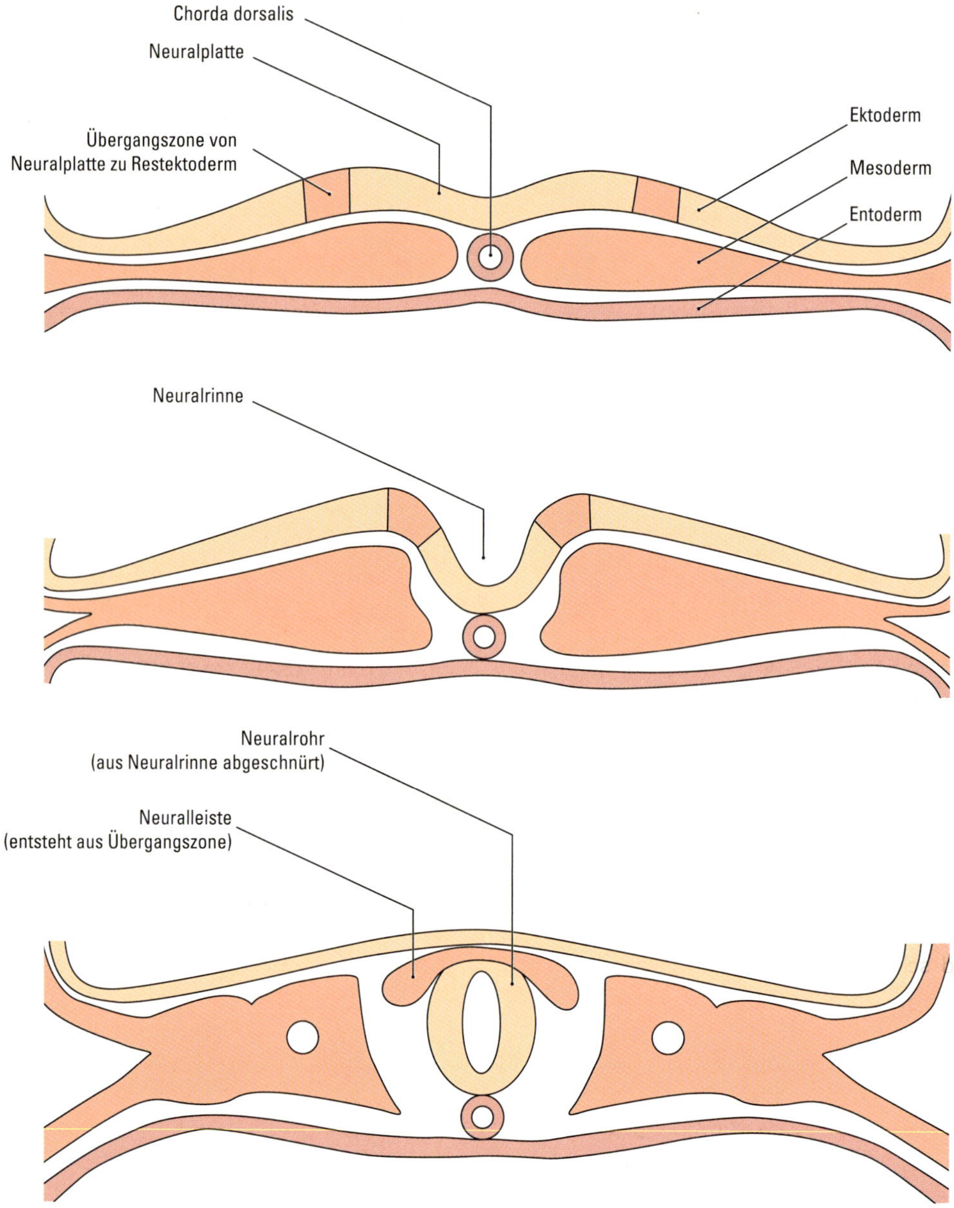

Abb. 5: Entwicklung des Neuralrohrs

medi-learn.de/6-ana2-5

schnitten, aber auch den Skelettbestandteilen, Muskeln und Nerven als entwicklungsgeschichtlich zusammengehörige Einheit zu verstehen.

2.1 Embryonale Entwicklung des Nervensystems

Auch wenn es auf den ersten Blick scheint, die Entwicklung des Nervensystems ist gar nicht so kompliziert. Dieser Abschnitt versucht, die Embryologie des Nervensystems einfach, aber dennoch umfassend genug darzulegen, um die darauf aufbauenden nachfolgenden Kapitel besser verstehen zu können. Bei der embryonalen Entwicklung des Nervensystems lassen sich drei wesentliche Schritte unterscheiden:
1. Induktion,
2. Neurulation und
3. Bläschenformation.

2.1.1 Induktion

Sind die drei Keimblätter Endoderm, Mesoderm und Ektoderm beim Embryo entstanden, entwickelt sich durch einen von Mesoderm/Chorda dorsalis (primitive Längsachse) ausgehenden Reiz (Induktion) im Ektoderm ein spezialisierter Bezirk, das Neuroektoderm. Dies geschieht etwa am 17. Embryonaltag. Aus diesem Neuroektoderm bildet sich die Neuralplatte, aus der der größte Anteil des Nervensystems entsteht.

2.1.2 Neurulation

Die Neuralplatte vertieft sich zur Neuralrinne und schnürt sich als Neuralrohr ab. Dieser Vorgang wird Neurulation genannt und findet in etwa am 18. Embryonaltag statt. Die Übergangszone zwischen Ektoderm und Neuroektoderm nähert sich beiderseits durch die Neurulation an und bildet die Neuralleiste. Sie enthält das Material für die Entwicklung des peripheren Nervensystems.
Zu Beginn ist das Neuralrohr an beiden Enden noch offen. Nach dem Verschluss entwickelt sich aus dem abgeschlossenen Neuralrohrsystem das Ventrikelsystem.

> **Übrigens ...**
> Ein fehlerhafter Schluss des Neuralrohres führt zu dysraphischen Defekten:
> – Aus dem fehlenden Schluss des Neuroporus rostralis entsteht ein Anencephalus. Dabei fehlen alle oder große Teile des Groß- und Zwischenhirns sowie des Schädeldachs. Diese Fehlbildung ist nicht mit dem Leben vereinbar.
> – Bleibt der Schluss des Neuroporus caudalis aus, so entsteht eine Spina bifida. Je nach Schweregrad ist sie von außen nicht sichtbar (Spina bifida occulta) oder führt zum sichtbaren Austreten des Rückenmarks samt Meningen (Meningomyelozele). Diese Fehlbildung ist mit dem Leben vereinbar und kann operativ korrigiert werden.

2.1.3 Bläschenformation

Aus dem Neuralrohr bilden sich am oberen Ende die Hirnbläschen. Es werden
– Vorderhirn (Prosencephalon),
– Mittelhirn (Mesencephalon) und
– Hinterhirn/Rautenhirn (Rhombencephalon)
als primäre Hirnbläschen unterschieden. Die Vorder- und Hinterhirnbläschen teilen sich am 32. Embryonaltag erneut, sodass fünf sekundäre Hirnbläschen entstehen:
Prosencephalon (Vorderhirn).
– **Telencephalon** (Endhirn oder Großhirn)
  • linke und rechte Hemisphäre
– **Diencephalon** (Zwischenhirn)
  • Augenbläschen (Anlage für N. opticus, Retina, Netzhaut)
  • Thalamus etc.
Mesencephalon (Mittelhirn)
Rhombencephalon (Hinterhirn/Rautenhirn)
– **Metencephalon**
  • Cerebellum (Kleinhirn)
  • Pons (Brücke)

2 Entwicklung

- **Myelencephalon** (zukünftige Medulla oblongata).

> **Merke!**
>
> Zum Rhombencephalon gehören Metencephalon und Myelencephalon.

Die Bläschen wachsen unterschiedlich schnell, sodass es zu einem Abkippen des Neuralrohrs zwischen Mittel- und Zwischenhirn nach vorn um ca. 60° kommt.

2.2 Kiemenbögen und deren Derivate

Auch wenn Embryologie nicht jedermanns Interessengebiet ist, lohnt es sich, ein wenig davon aufzunehmen. Mit Hilfe der Embryologie ist nämlich die häufig auf den ersten Blick nicht logisch nachvollziehbare Innervation bestimmter Muskeln leichter verständlich. Ein Beispiel dafür sind die Kiemenbögen und ihre Derivate.

Während der Embryonalzeit entwickeln sich die Kiemenbögen. Diese sind – wie der Rest des Körpers auch – segmental angelegt. Jedem Kiemenbogen können Skelettelemente, Bänder, Muskulatur und Nerven zugeordnet werden.
Die folgende Tabelle soll dies verdeutlichen und leistet dir hoffentlich gute Dienste zur Prüfungsvorbereitung.

Kiemenbogen	Nerv	Muskeln	Skelettelemente	Bänder
1. Mandibularbogen	N. trigeminus (V)	Kaumuskeln – M. mylohyoideus – Venter anterius des M. digastricus – M. tensor tympani – M. tensor veli palatini	– Malleus (Hammer) – Incus (Amboss) – Mandibula – Maxilla – Os zygomaticum – Pars squamosa des Os temporale	– vorderes Band des Hammers – Lig. sphenomandibulare
2. Hyoidbogen	N. facialis (VII)	mimische Muskulatur – M. stapedius – M. stylohyoideus – Venter posterius des M. digastricus	– Steigbügel – Proc. styloideus – kleines Zungenbeinhorn – oberer Teil des Zungenbeinkörpers	Lig. stylohyoideum
3. Kiemenbogen	N. glosso-pharyngeus (IX)	M. stylopharyngeus	– großes Zungenbeinhorn – unterer Teil des Zungenbeinkörpers	
4. und 6. Kiemenbogen	N. laryngeus superior et inferior (N. recurrens) des N. vagus (X)	Pharynx- und Larynxmuskulatur	– Schildknorpel – Ringknorpel – Aryknorpel – Cartilago corniculata – Cartilago cuneiformis	

Tab. 1: Kiemenbögen und deren Derivate

DAS BRINGT PUNKTE

Im schriftlichen Physikum wurde bisher besonders gerne gefragt, welche **Zellen von der Neuralleiste** abstammen und welche nicht. Deshalb an dieser Stelle nochmals eine kurze Zusammenfassung:
Aus der Neuralleiste entstehen
- Melanozyten,
- Drüsenzellen des Nebennierenmarks,
- postganglionäre sympathische Neurone,
- Spinalganglienzellen,
- Kopfmesenchym und
- Schwann-Zellen.

Motorische Vorderhornzellen und Epithelzellen des Plexus choroideus entstehen NICHT aus der Neuralleiste.

Ebenfalls häufig gefragt wurde nach den einzelnen zentralen **Gliatypen**:
- Astrozyten,
- Oligodendrozyten,
- Mikro-/Mesoglia und
- Ependymzellen.

Wichtig ist hierbei, dass die Mikroglia vom Mesoderm entstammt.

Mehrfach wurde nach dem Vorkommen **pseudo-unipolarer Nervenzellen** gefragt. Dazu solltest du wissen, dass
- pseudounipolare Nervenzellen unter anderem im Ganglion inferius n. vagi und im Ganglion trigeminale vorkommen.

Bipolare Nervenzellen hingegen liegen im Ganglion vestibulare.

Die Fragen zum Thema **Entwicklung** beschränken sich fast ausschließlich auf das Thema Kiemenbögen und deren Derivate. Punkte sind leicht zu holen, wenn du dir Tab. 1, S. 10 eingeprägt hast. Besonders häufig gefragt wurde nach
- Kiemenbögen und zugehörigen Nerven,
- Kiemenbögen und zugehöriger Muskulatur sowie
- Kiemenbögen und zugehörigen Skelett- und Bandelementen.

Es kamen aber auch einige Fragen zum Thema **Neuralleiste/Neuralrohr** vor. Hierbei wurde nach klinischem Inhalt gefragt:
- Anencephalus,
- Spina bifida occulta und
- Meningomyelozele.

Zudem solltest du noch wissen, dass
- die Neuralleiste aus der Übergangszone zwischen Neuralplatte und Oberflächenektoderm entsteht und
- sich aus der Neuralleiste das PNS entwickelt.

FÜRS MÜNDLICHE

Überprüfe dein Wissen anhand folgender Fragen zu den Themen „ZNS" und „Entwicklung" alleine oder in einer Lerngruppe.

1. **Welche Einteilungsmöglichkeiten des Nervensystems kennen Sie?**

2. **Erläutern Sie bitte den Aufbau einer Nervenzelle.**

3. **Bitte erklären Sie, was markhaltig, was marklos bedeutet.**

4. **Erläutern Sie bitte den Vorteil der Myelinscheide.**

FÜRS MÜNDLICHE

5. Welche Neuronentypen kennen Sie?

6. Erklären Sie bitte, was Ganglien im Nervensystem sind.

7. Bitte erläutern Sie den Unterschied zwischen grauer und weißer Substanz.

8. Erläutern Sie bitte den Unterschied zwischen peripherer und zentraler Glia.

9. Bitte erläutern Sie, welche Hirnnerven zu welchem Kiemenbogen gehören.

10. Bitte erklären Sie, welche Skelettelemente und Muskeln aus welchem Kiemenbogen entstehen.

11. Erläutern Sie bitte woraus die Neuralplatte entsteht.

12. Welche Fehlbildungen bei der Neurulation kennen Sie?

13. Was verstehen Sie unter Hirnbläschen?

---

1. Welche Einteilungsmöglichkeiten des Nervensystems kennen Sie?
ZNS, PNS, somatisches, vegetatives NS.

2. Erläutern Sie bitte den Aufbau einer Nervenzelle.
Siehe Abb. 2, S. 3.

3. Bitte erklären Sie was markhaltig, was marklos bedeutet.
Markhaltig = mit Myelinscheide,
marklos = ohne Myelinscheide.

4. Erläutern Sie bitte den Vorteil der Myelinscheide.
Erhöhung der Leitungsgeschwindigkeit durch saltatorische Erregungsleitung.

5. Welche Neuronentypen kennen Sie?
Multi-, bi-, uni- und pseudounipolare.

6. Erklären Sie bitte was Ganglien im Nervensystem sind.
Ganglien sind Ansammlungen von Nervenzellkörpern im peripheren Nervensystem.

7. Bitte erläutern Sie den Unterschied zwischen grauer und weißer Substanz.
Graue Substanz = Perikaryen,
weiße Substanz = Fortsätze und Gliagewebe.

8. Erläutern Sie bitte den Unterschied zwischen peripherer und zentraler Glia.
Periphere Glia entstammt der Neuralleiste, Beispiel: Schwann-Zelle;
zentrale Glia entstammt dem Neuralrohr, bis auf Mikroglia, die entstammt dem Mesoderm, vier Typen:
– Astrozyten,
– Oligodendrozyten,
– Mikro-/Mesoglia und
– Ependymzellen.

9. Bitte erläutern Sie, welche Hirnnerven zu welchem Kiemenbogen gehören.
Siehe Tab. 1, S. 10.

10. Bitte erklären Sie, welche Skelettelemente und Muskeln aus welchem Kiemenbogen entstehen.
Siehe Tab. 1, S. 10.

11. Erläutern Sie bitte woraus die Neuralplatte entsteht.
Aus Ektoderm.

12. Welche Fehlbildungen bei der Neurulation kennen Sie?
– Anencephalus,
– Spina bifida occulta und
– Meningomyelozele.

FÜRS MÜNDLICHE

13. Was verstehen Sie unter Hirnbläschen?
Hirnbläschen entstehen am oberen/vorderen Ende des Neuralrohrs, es gibt primäre und sekundäre (s. 2.1.3, S. 9).

Mehr Cartoons unter www.medi-learn.de/cartoons

Pause

Erste Pause!
Hier was zum Grinsen für Zwischendurch ...

Für Studierende der akademischen Heilberufe: Kostenfreies MEDI-LEARN Biochemie-Poster.

- Von Dozenten entwickelt
- Ideale Lernhilfe
- Besonders übersichtlich
- Grafisch exzellent aufbereitet
- Kostenfrei – nur von Ihrem persönlichen Berater der Deutschen Ärzte Finanz

Lassen Sie sich beraten!

Nähere Informationen und unseren Repräsentanten vor Ort finden Sie im Internet unter www.aerzte-finanz.de

Standesgemäße Finanz- und Wirtschaftsberatung

3 Hirnnerven

Fragen in den letzten 10 Examen: 30

Zur Wiederholung ist diesem Kapitel ein Teil namens „Makroskopie - Wiederholung" vorangestellt, um die Foramina des Schädels in Erinnerung zu rufen. Nachfolgend werden dann die Hirnnerven einzeln besprochen. Obwohl dieses Thema sehr ausführlich im Skript Anatomie 4 behandelt wird, solltest du das Kapitel auch hier schon durcharbeiten. Dies ist dem prüfungstechnisch sehr wichtigen Inhalten durchaus angemessen.

3.1 Makroskopie – Wiederholung

Die wesentlichen Öffnungen des Schädels sind in folgender Grafik (s. Abb. 6, S. 15) dargestellt:

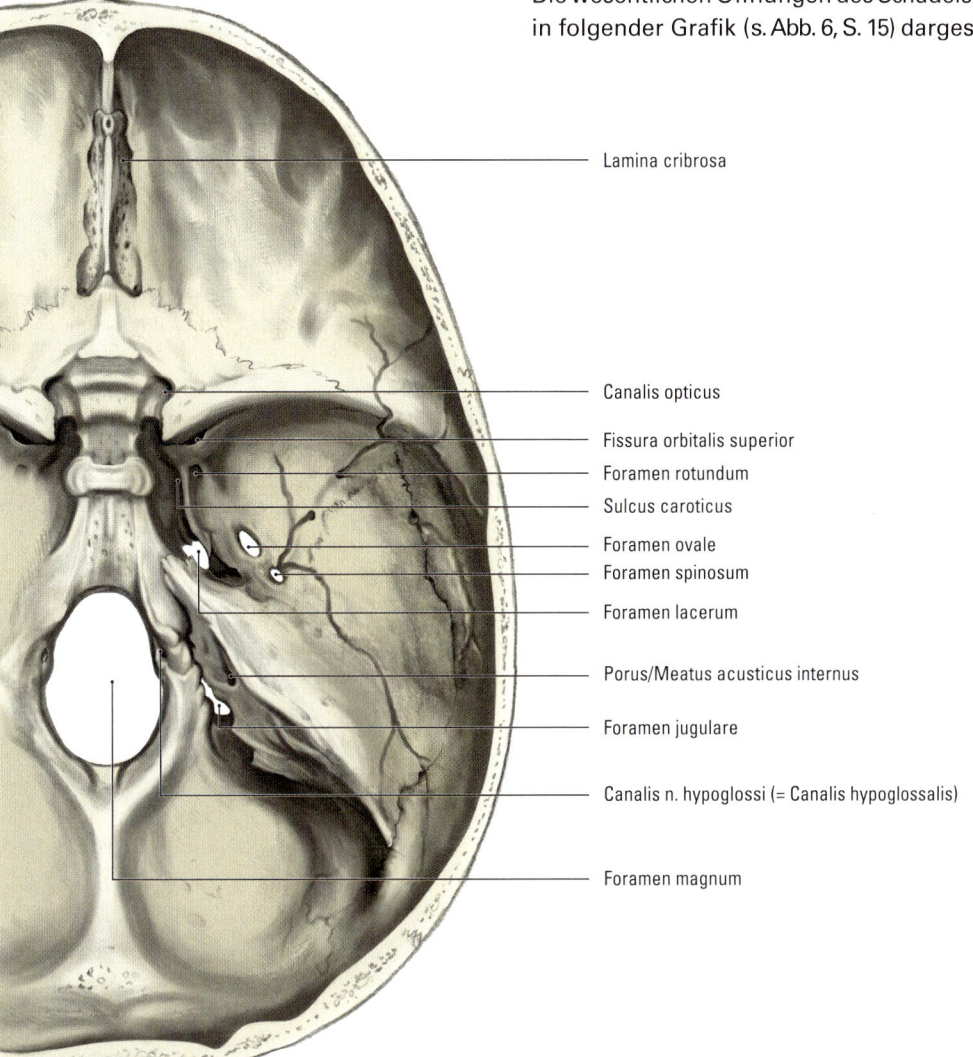

Abb. 6: Schädelöffnungen

medi-learn.de/6-ana2-6

3 Hirnnerven

> **Merke!**
> - **roter Max** – durch das Foramen **rot**undum zieht der N. **max**illaris.
> - **ovale Mand**el – durch das Foramen **ovale** zieht der N. **mand**ibularis.

3.2 Nervus olfactorius (Hirnnerv I)

Der N. olfactorius (Riechnerv) ist ein rein sensorischer (speziell-viszerosensibler) Nerv. Im Gegensatz zu anderen sensiblen Nervenzellen befinden sich diese Nervenzellen jedoch NICHT in einem Ganglion. Sie besitzen auch KEINE peripheren und zentralen Fortsätze, sondern bilden selbst die Axone, die ins ZNS reichen. Diese Art von Sinneszellen werden **primäre Sinneszellen** genannt. Die marklosen Fortsätze bilden die Filae olfactoriae und ziehen durch die Lamina cribrosa zum Bulbus olfactorius. Dort findet die erste Umschaltung statt, weshalb man den Bulbus olfactorius auch als Hirnnervenkern des N. olfactorius auffassen kann. Vom Bulbus olfactorius ziehen die Fasern dann über den Tractus olfactorius in die primäre Riechrinde.
Faserqualität: sensorisch (speziell-viszerosensibel).

> **Übrigens ...**
> Bei Schädelbasisverletzungen kann es durch Scherkräfte zum Abriss der Filae olfactoriae an der Lamina cribrosa kommen. Dies kann eine Hyposmie (Riechminderung) oder sogar eine Anosmie (Unfähigkeit zu riechen) zur Folge haben. Die Betroffenen können nur noch süß, sauer, salzig und bitter schmecken; scharfe Agenzien wie z. B. Ammoniak werden über den N. trigeminus wahrgenommen (Trigeminusreizstoffe).

3.3 Nervus opticus (Hirnnerv II)

Der N. opticus (Sehnerv) ist ebenfalls ein rein sensorischer (speziell-somatosensibler) Hirnnerv. Er ist als Teil des Zwischenhirns aufzufassen, beginnt in der Retina und setzt sich dort aus den Fortsätzen der großen retinalen Ganglienzellen zusammen. Diese Fortsätze liegen an einer Stelle besonders dicht (Papilla nervi optici) und bilden dort den blinden Fleck. Nach Verlassen des blinden Flecks ist der N. opticus von Oligodendrozyten und den Hirnhäuten umgeben. In seinem Verlauf verlässt der N. opticus die Orbita zusammen mit der A. ophthalmica durch den Canalis opticus. Über der Hypophyse bildet er das Chiasma opticum. Dort kreuzen die Fasern, die von der medialen Netzhauthälfte kommen (laterales Gesichtsfeld), zur Gegenseite. Die Fasern der lateralen Netzhauthälfte (mediales Gesichtsfeld) verlaufen hingegen ungekreuzt. Nach der Kreuzung spricht man vom Tractus opticus. Dieser zieht zum Corpus geniculatum laterale des Thalamus. Dort findet die erste Umschaltung außerhalb der Retina statt. Danach ziehen die Fasern zur primären Sehrinde.
Faserqualität: sensorisch (speziell-somatosensibel).

> **Merke!**
> Das Chiasma opticum befindet sich über der Hypophyse und kann deshalb leicht durch Hypophysentumoren geschädigt werden.

> **Übrigens ...**
> Die typischen Ausfallerscheinungen werden im Abschnitt Auge (s. Skript Anatomie 3) besprochen. Für dieses Kapitel relevant sind die Stauungspapille und die Multiple Sklerose: Bei der **Stauungspapille** schwillt durch die Behinderung des venösen Abflusses die Papilla nervi optici an. Dies sieht man beim Spiegeln des Augenhintergrunds als Vorwölbung. Die Stauungspapille ist Ausdruck eines gesteigerten Hirndrucks und sollte immer eine weiterführende Diagnostik nach sich ziehen.

- Bei der **Multiplen Sklerose** kommt es zu einem autoimmun bedingten Zerfall von Oligodendrozyten und damit dem Funktionsverlust der betroffenen Nervenbahnen. Da der N. opticus als Teil des Gehirns auch von Oligodendrozyten umgeben ist, manifestiert sich die Erkrankung häufig in Form von Schleiersehen oder Gesichtsfeldausfällen, die u. U. zur Blindheit führen.

3.4 Nervus oculomotorius (Hirnnerv III)

Der N. oculomotorius innerviert einen Großteil der Augenmuskulatur. Er verlässt den Hirnstamm in der Fossa interpeduncularis. Sein Ursprung liegt im Mittelhirn. Dabei ist das somatomotorische Kerngebiet für die Innervation der quergestreiften äußeren Augenmuskeln, das visceromotorische Kerngebiet für die Innervation der glatten inneren Augenmuskeln zuständig. Somatomaotorisch innerviert der N. oculomotorius diese äußeren Augenmuskeln:
- M. rectus superior (Hebung, Einwärtsrollung, Adduktion),
- M. rectus medialis (Adduktion),
- M. rectus inferior (Senkung, Auswärtsrollung, Adduktion),
- M. obliquus inferior (Hebung in Adduktionsstellung, Auswärtsrollung, Abduktion) und
- M. levator palpebrae superioris (Lidöffnung).

Ein Ast mit parasympathischen Fasern zieht zum Ganglion ciliare und versorgt viszeromotorisch diese glatten Augenmuskeln:
- M. ciliaris und
- M. sphincter pupillae.

Faserqualität: somatomotorisch und viszeromotorisch.

> **Merke!**
>
> Der N. oculomotorius innerviert alle äußeren Augenmuskeln mit **Ausnahme** des **M. obliquus superior** und des **M. rectus lateralis**.

Übrigens ... 
Beim Ausfall eines N. oculomotorius klagt der Patient über Doppelbilder, da das betroffene Auge nach außen und unten blickt. Bei Blick in die Richtung des geschädigten Auges werden die Doppelbilder weniger. Durch Ausfall des M. levator palpebrae superioris kommt es zur Ptosis (schlaffes Herunterhängen des Augenlids). Die Mydriasis (Weitstellung der Pupille) und mangelndes Akkomodationsvermögen resultieren aus dem Ausfall der parasympathischen Fasern. Damit wird das Lesen mit dem betroffenen Auge schwer möglich. Zur Untersuchung wird der Pupillenreflex getestet.

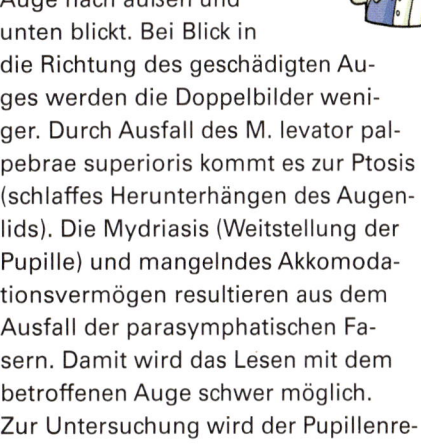

Die Ptosis des **Horner-Syndroms** entsteht durch Lähmung des sympathisch innervierten M. tarsalis superior. Sie ist nicht so ausgeprägt wie die Ptosis infolge der Lähmung des M. levator palpebrae superioris.

3.5 N. trochlearis (Hirnnerv IV)

Der N. trochlearis versorgt nur den M. obliquus superior am Auge. Er ist ein rein somatomotorischer Hirnnerv und hat sein Kerngebiet im Mittelhirn.
In seinem Verlauf tritt der N. trochlearis als einziger Hirnnerv dorsal aus, am Unterrand der Vierhügelplatte. Topografisch hat er Bezug zum Sinus cavernosus. Seine Funktion ist die Innervation des
- M. obliquus superior (Senkung in Adduktionsstellung, Einwärtsrollung, Abduktion).

Faserqualität: rein somatomotorisch.

3 Hirnnerven

> **Übrigens ...**
> Bei Schädigung des N. trochlearis steht der Bulbus nach medial oben. Die Patienten sehen Doppelbilder und versuchen durch Schiefhaltung des Kopfes diese auszugleichen. Die Doppelbilder erscheinen am deutlichsten beim Blick nach medial unten.

3.6 N. trigeminus (Hirnnerv V)

Der N. trigeminus ist ein gemischt sensibel und motorischer Nerv. Mit der größeren Radix sensoria (Portio major) versorgt er sensibel das gesamte Gesicht, Mund und Nasenschleimhaut sowie einen Großteil der Hirnhäute. Die kleinere Radix motoria (Portio minor) versorgt motorisch die Kaumuskulatur.

Innerhalb einer Duratasche bildet er das große sensible Ganglion trigeminale (Ganglion semilunare oder auch Ganglion Gasseri). Es enthält die Perikaryen der pseudounipolaren Nervenzellen. Aus dem Ganglion entspringen drei große Hauptstämme:
- N. ophthalmicus (V1),
- N. maxillaris (V2) und
- N. mandibularis (V3).

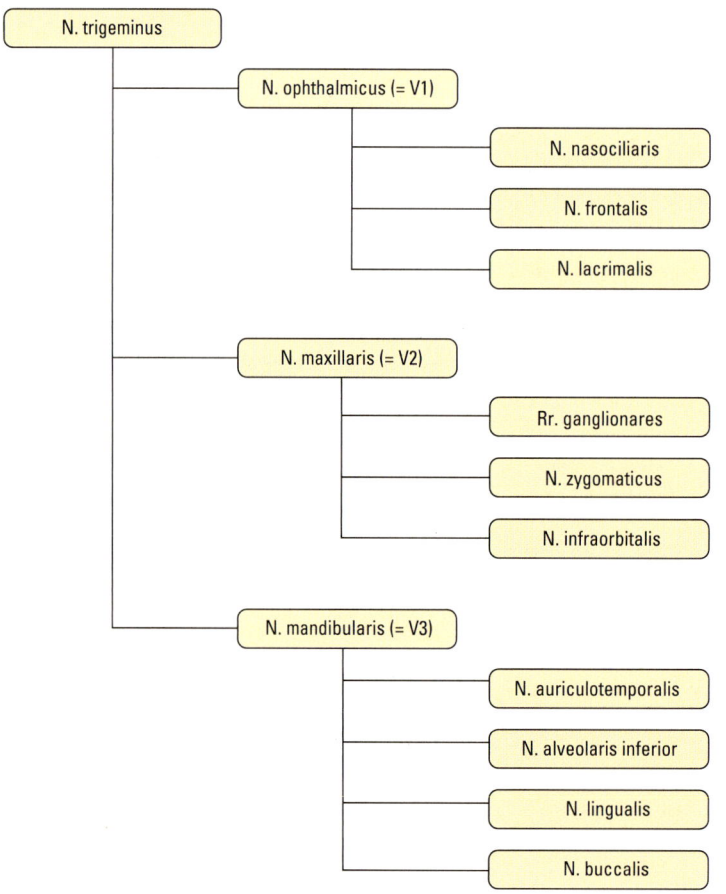

Abb. 7: N. trigeminus mit Aufzweigungen

medi-learn.de/6-ana2-7

Lediglich der N. mandibularis führt die Fasern aus der Radix motoria, um damit die Kaumuskulatur zu innervieren. Alle drei Hauptstämme teilen sich nochmals in mindestens drei Hauptäste auf. Dabei versorgt jeweils der erste Hauptast das zugehörige Schleimhautareal, der zweite Hauptast zieht nach medial und der dritte nach lateral.

Faserqualität: somatosensibel und viszeromotorisch.

> **Merke!**
>
> Das Ganglion GASSERI = Ganglion semilunare = Ganglion trigeminale enthält nur Nervenzellkörper. Hier wird **NICHTS umgeschaltet**.
> Das Ganglion selbst liegt in einer Duratasche und vermittelt Kopfschmerzen.

3.6.1 N. ophthalmicus (V1)

Der N. ophthalmicus teilt sich in der Fissura orbitalis superior in den N. nasociliaris, N. frontalis und N. lacrimalis auf. Vorher gibt er einen rückläufigen Ast für die Hirnhäute ab (R. tentorius).

Nerv	Versorgungsgebiet
N. nasociliaris	Siebbeinzellen, Keilbeinhöhle, Nasenscheidewand, Konjunktiva, Nasenrücken sensibel
N. frontalis	Stirn, medialer Augenwinkel, Oberlid sensibel
N. lacrimalis	lat. Teil von Augenwinkel, Oberlid und Konjunktiva sensibel, Tränendrüse sekretorisch

Tab. 2: Äste des N. ophthalmicus und ihre Versorgungsgebiete

3.6.2 N. maxillaris (V2)

Der N. maxillaris gibt vor dem Durchtritt durch das Foramen rotundum einen Ramus meningeus ab. Dann tritt er in die Fossa pterygopalatina ein, wo er sich in drei Äste teilt:

Nerv	Versorgungsgebiet
Rami ganglionares	Schleimhaut der Nasenmuscheln, hintere Siebbeinzellen sowie harter und weicher Gaumen sensibel
N. zygomaticus	Haut über dem Jochbein sensibel
N. infraorbitalis	Haut zwischen Unterlid und Oberlippe sensibel, über die Nn. alveolares superiores die Zähne des Oberkiefers

Tab. 3: Äste des N. maxillaris und ihre Versorgungsgebiete

3.6.3 N. mandibularis (V3)

Der N. mandibularis führt neben sensiblen Fasern auch motorische Fasern für die Kaumuskulatur. Er verlässt die Schädelhöhle durch das Foramen ovale und tritt in die Fossa infratemporalis ein. Von dort zieht ein rückläufiger Ast zusammen mit der A. meningea media durch das Foramen spinosum in die Schädelhöhle zurück, zur Versorgung der Meningen. Der sensible Anteil zweigt sich in **vier** Äste auf:

Nerv	Versorgungsgebiet
N. auriculotemporalis	Schläfe und vordere Ohrmuschel sensibel
N. alveolaris inferior	Unterkieferzähne, als N. mentalis die Haut des Kinns sensibel
N. lingualis	vordere zwei Drittel der Zunge allgemein-somatosensibel sowie speziell-viszerosensibel (über die Fasern aus der Chorda tympani)
N. buccalis	Wangenschleimhaut und angrenzendes Zahnfleisch sensibel

Tab. 4: Äste des N. mandibularis und ihre Versorgungsgebiete

3 Hirnnerven

Die motorischen Äste werden nach den Muskeln benannt, die sie innervieren:
- N. massetericus (M. masseter),
- Nn. temporales profundi (M. temporalis),
- Nn. pterygoidei (M. pterygoideus medialis et lateralis),
- N. mylohyoideus (Mundbodenmuskulatur) und
- Äste zum M. tensor veli palatini und M. tensor tympani.

> **Übrigens ...**
> Eine Schädigung des N. trigeminus hat eine Sensibilitätsstörung des betroffenen Gesichtsareals zur Folge. Ist der motorische Anteil betroffen, weicht der Unterkiefer beim Öffnen zur Seite der Schädigung ab. Die weitaus häufigere Trigeminusneuralgie (Überempfindlichkeit des N. trigeminus) hat schwerste Schmerzzustände auf schon kleinste Berührungsreize zur Folge. Klinisch prüft man deshalb die Trigeminusdruckpunkte (Austrittsstellen des N. trigeminus). Der Kornealreflex bewirkt den Lidschluss und wird auch zur Überprüfung des N. facialis eingesetzt.

3.7 N. abducens (Hirnnerv VI)

Der N. abducens entspringt relativ medial in der Medulla oblongata am Unterrand der Brücke. Er verläuft als einziger Hirnnerv durch das Lumen des Sinus cavernosus und zieht durch die Fissura orbitalis superior zum M. rectus lateralis. Seine ausschließliche Funktion ist die motorische Versorgung des
- M. rectus lateralis (Abduktion).

Faserqualität: somatomotorisch.

> **Übrigens ...**
> Bei Schädigung des N. abducens blickt das betroffene Auge nach medial. Dies führt zu Doppelbildern, die beim Blick nach lateral stärker, beim Blick nach medial schwächer werden.

3.8 N. facialis (Hirnnerv VII)

Der N. facialis innerviert mit speziell-viszeromotorischen Fasern die gesamte mimische Muskulatur. Die mit ihm laufenden Intermediusfasern (deshalb auch N. intermedio-facialis genannt) führen parasympathisch-sekretorische Fasern sowie sensorische Geschmacksfasern.

In ihrem Verlauf treten der N. facialis (s. IMPP-Bild 2, S. 59) und der N. intermedius im Kleinhirnbrückenwinkel aus und ziehen zusammen mit dem N. vestibulocochlearis durch den Porus acusticus internus. Im äußeren Fazialisknie des Canalis facialis liegt das Ganglion geniculi mit den pseudounipolaren Nervenzellkörpern der sensorischen Nervenzellen für die sensorischen Geschmacksfasern. Die motorischen Fasern treten in die Glandula parotis ein und teilen sich dort in fünf Äste auf:

- Rami temporales,
- Rami zygomatici,
- Rami buccales,
- Ramus marginalis mandibulae und
- Ramus colli.

In Höhe des Ganglion geniculi verlassen präganglionäre parasympathische Fasern den Hauptstamm des N. facialis. Sie ziehen als N. petrosus major zum Ganglion pterygopalatinum und werden dort auf das zweite Neuron umgeschaltet. Die postganglionären Fasern ziehen mit dem N. zygomaticus (Ast des N. maxillaris) zur Tränendrüse.

Der N. stapedius geht auch im Canalis facialis ab und innerviert den M. stapedius. Kurz bevor der N. facialis den Canalis facialis verlässt, zweigt die Chorda tympani (Paukensaite) ab. Die Fasern schließen sich dem N. lingualis (aus dem N. mandibularis) an und innervieren die vorderen zwei Drittel der Zunge sensorisch. Präganglionäre Fasern ziehen zum Ganglion submandibulare, wo sie umgeschaltet werden und die Speicheldrüsen (Glandula submandibularis, Glandula sublingualis, akzessorische Zungendrüsen) innervieren.

Die Funktion des N. facialis ist die motorische Innervation der mimischen Muskulatur, des Venter posterior des M. digastricus, des M. stylohyoideus sowie des M. stapedius. Parasympathisch innerviert er die Tränendrüse sowie die Glandulae submandibularis et sublingualis. Sensorisch werden die vorderen zwei Drittel der Zunge versorgt.

Faserqualität: speziell-viszeromotorisch, allgemein-viszeromotorisch und speziell-viszerosensibel.

> **Merke!**
> Der N. facialis innerviert den M. buccinator.

Übrigens ...
Man unterscheidet zwischen zentraler und peripherer Fazialisparese.
- Bei der **peripheren Fazialisparese** kann die Stirn auf der betroffenen Seite nicht gerunzelt, das Auge nicht geschlossen und der Mund nicht bewegt werden.
- Bei der **zentralen Fazialisparese** kann die Muskulatur unterhalb des Augenlids der betroffenen Seite nicht mehr bewegt werden. Stirnrunzeln und Lidschluss sind jedoch noch möglich, da die dafür zuständigen Kerngebiete auch durch die kontralaterale Seite innerviert werden. Bei Schädigung vor Abgang der Chorda tympani können auch Geschmackstörungen an den vorderen zwei Dritteln der Zunge auftreten. Die Tränenproduktion ist bei Schädigung vor dem Abgang des N. petrosus major vermindert. Zur Hyperakusis kommt es durch Lähmung des M. stapedius.

3.9 N. vestibulocochlearis (Hirnnerv VIII)

Der N. vestibulocochlearis ist ein rein sensorischer Hirnnerv. Er setzt sich aus zwei Anteilen zusammen. Beide führen Afferenzen aus dem Innenohr. Der N. cochlearis führt akustische Reize aus der Schnecke, der N. vesti-

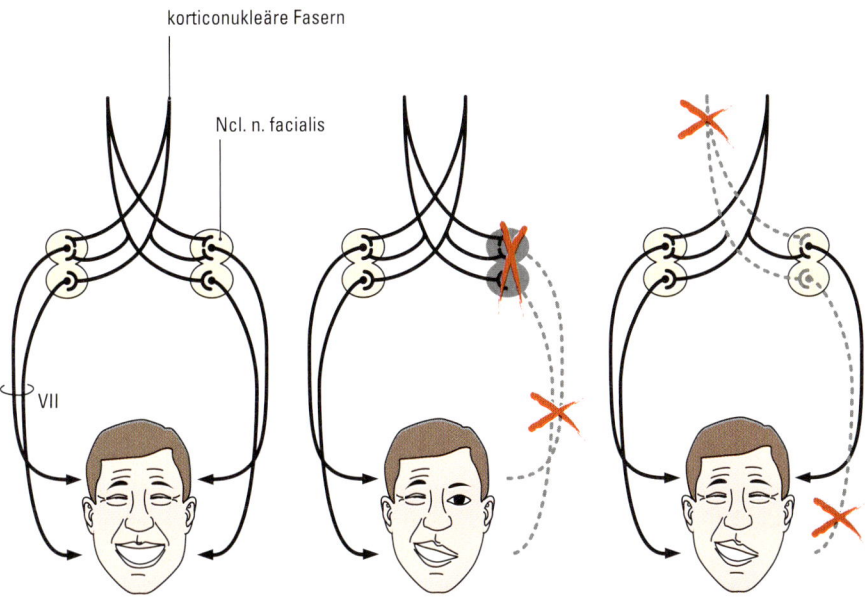

Abb. 8: Periphere und zentrale Fazialisparese

medi-learn.de/6-ana2-8

bularis führt statische Reize (Gleichgewichtsempfinden) aus Sacculus, Utriculus und den Bogengängen.

Die Perikaryen des N. cochlearis liegen im Ganglion cochleare (Ganglion spirale cochleae). Die zentralen Fortsätze bilden den N. cochlearis. Die Perikaryen des N. vestibularis liegen im Ganglion vestibulare im Meatus acusticus internus. Die zentralen Fortsätze bilden den N. vestibularis. Im inneren Gehörgang vereinigen sich diese beiden Nerven, um gemeinsam durch den Porus acusticus internus in die hintere Schädelgrube zu ziehen. Kaudolateral des N. facialis zieht der N. vestibulocochlearis dabei in den Hirnstamm, um sich dort in seine beiden Anteile zu spalten. Der N. vestibulocochlearis versorgt über den N. cochlearis einerseits das Innenohr sensorisch (Hörnerv), andererseits vermittelt er dem Hirnstamm über den N. vestibularis die Impulse aus dem Vestibularorgan (Nerv für das Gleichgewichtsempfinden). Diese Impulse werden im Hirnstamm reflektorisch so verschaltet, dass uns mühelos der aufrechte Stand, Gang sowie die Anpassung von Augen- und Körperbewegungen gelingen.

Faserqualität: speziell-somatosensibel.

> **Merke!**
>
> Der N. vestibulocochlearis führt Fasern aus dem Innenohr.
> – Die **vestibulären** Anteile dienen der **Gleichgewichtsorientierung und -wahrnehmung**.
> – Die **cochleären** Anteile dienen dem **Hören**.

Übrigens ...
Es muss immer die Schädigung des N. cochlearis von der des N. vestibularis unterschieden werden. Eine Schädigung des N. cochlearis führt zu Taubheit des betroffenen Ohrs. Eine Schädigung des vestibulären Anteils führt dagegen zu Schwindel, Übelkeit, Fallneigung zur erkrankten Seite und einem pathologischen Nystagmus. Da der N. vestibulocochlearis im Kleinhirnbrückenwinkel aus dem Hirnstamm austritt, kann er dort relativ leicht durch einen Tumor komprimiert werden, häufig zusammen mit dem N. facialis. Da die Tumoren (häufig Akustikusneurinome) relativ langsam wachsen, fällt die Vestibularfunktion der betroffenen Seite nicht schlagartig aus, sondern kann durch die Information der Gegenseite kompensiert werden.

3.10 N. glossopharyngeus (Hirnnerv IX)

Der IX. Hirnnerv innerviert Zunge und Schlund. In seinem Verlauf tritt der N. glossopharyngeus zwischen VIII. und X. Hirnnerv unter der Brücke aus dem Hirnstamm aus, verlässt den Schädel – gemeinsam mit dem N. vagus sowie dem N. accessorius – durch das Foramen jugulare und bildet dort zwei Ganglien. Das Ganglion superius (oberes kleineres Ganglion) ist rein sensibel, das Ganglion inferius (unteres größeres Ganglion) enthält sensible und parasympathische Fasern. Im hinteren Drittel der Zunge verzweigt sich der Nerv, gibt zuvor jedoch noch Äste zur Parotis, zum Mittelohr (N. tympanicus), zum Pharynx und zum Sinus caroticus sowie zum Glomus caroticum ab.

Motorisch innerviert der N. glossopharyngeus die Schlundmuskulatur sowie den M. levator veli palatini. Parasympathisch innerviert er die Glandula parotis und die Schleimdrüsen des Rachens. Mittelohr, Tuba auditiva, Rachenschleimhaut und das hintere Zungendrittel werden somatosensibel innerviert. Über die viszerosensible Innervation des Sinus caroticus und des Glomus caroticum spielt der N. glossopharyngeus eine große Rolle bei der zentralen Atem- und Kreislaufregulation. Sensorisch werden schließlich noch die Papillae vallatae innerviert. Diese liegen im hinteren Drittel der Zunge und dienen der Wahrnehmung von Bitterstoffen.

Faserqualität: viszeromotorisch, parasympathisch, somatosensibel, viszerosensibel sensorisch.

> **Merke!**
>
> Der N. glossopharyngeus hat über die Innervation des Sinus caroticus und des Glomus caroticum Einfluss auf die zentrale Atem- und Kreislaufregulation.

Übrigens …
Da der N. glossopharyngeus und der N. vagus gemeinsam aus dem Schädel austreten, werden sie häufig gemeinsam geschädigt. Dies geschieht z. B. durch Tumore. Der Ausfall des N. glossopharyngeus hat dann einen Sensibilitätsverlust des oberen Pharynx und des hinteren Zungendrittels („bitter" wird nicht wahrgenommen) zur Folge. Außerdem kann das Gaumensegel nicht mehr richtig angehoben werden. Dies hat zur Folge, dass die Uvula zur gesunden Seite hin abweicht.

3.11 N. vagus (Hirnnerv X)

Mit seinem großen viszeromotorischen Anteil ist der N. vagus der größte parasympathische Nerv im Körper. Er innerviert viszeromotorisch Teile der Schlund- und die Kehlkopfmuskulatur. Für deren Sensibilität sowie die des äußeren Gehörgangs hat er einen sensiblen Anteil. Schließlich besitzt der N. vagus noch einen sensorisch-gustatorischen Anteil für die Epiglottis und viszerosensible Anteile für die Brust- und Baucheingeweide.

Der N. vagus verlässt gemeinsam mit dem N. glossopharyngeus und dem N. accessorius durch das Foramen jugulare die Schlädelhöhle. Dort bildet er – wie der N. glossopharyngeus – ein kleineres Ganglion superius und ein größeres Ganglion inferius. Ein R. meningeus versorgt die Meningen der hinteren Schädelgrube. Der N. vagus zieht mit der A. carotis interna, später communis und der V. jugularis interna nach kaudal und gibt einen R. pharyngeus zur Innervation der Pharynxmuskulatur ab. Im weiteren Verlauf gibt der N. vagus einen N. recurrens ab, der links unter dem Aortenbogen, rechts unter der A. subclavia nach oben umbiegt und zum Kehlkopf zurückzieht. Motorisch innerviert der N. vagus die Kehlkopfmuskulatur und ermöglicht damit das Atmen und Sprechen. Sensibel versorgt er ebenfalls den Kehlkopf sowie einen Teil der Ohrmuschel und den äußeren Gehörgang (führt zu Hustenreiz bei Manipulation). Viszerosensibel versorgt er einen Großteil der Eingeweide (Lungen, Aortenbogen, Herz). Parasympathisch innerviert der N. vagus alle Organe vom Halsbereich abwärts bis zur linken Kolonflexur.
Faserqualität: viszeromotorisch, parasympathisch (allgemein-viszeromotorisch), somatosensibel, viszerosensibel, sensorisch.

> **Merke!**
>
> Der N. vagus innerviert sensibel das Herz und motorisch die Kehlkopfmuskulatur.

Übrigens …
Die Schädigung des N. vagus verursacht Schluckbeschwerden, Gaumensegellähmung mit Uvulaabweichung zur gesunden Seite und eine näselnde Aussprache. Durch die einseitige Lähmung der Kehlkopfmuskulatur kommt es zur Heiserkeit als Leitsymptom der Vagusschädigung (N. laryngeus recurrens).

3.12 N. accessorius (Hirnnerv XI)

Der N. accessorius ist ein rein somatomotorischer, kranialisierter Hirnnerv. Das bedeutet, dass der größte Teil der Accessorius-Fasern im Bereich der Medulla oblongata zwischen Vorder- und Hinterhorn entspringt (Radix spinalis) und der Nerv KEIN Hirnnerv im eigentlichen

Sinne ist. Er zieht gemeinsam mit dem N. glossopharyngeus und dem N. vagus durch das Foramen jugulare und läuft im lateralen Halsdreieck nach kaudal. Dabei schließt sich seine Radix cranialis dem N. vagus an. Seine Funktion ist die motorische Innervation des M. sternocleidomastoideus und des M. trapezius.
Faserqualität: rein somatomotorisch.

> **Merke!**
>
> Der N. accessorius ist **kein echter Hirnnerv**, sondern ein **kranialisierter Hirnnerv**.

Übrigens ...
Die Schädigung des N. accessorius kann z. B. bei Operationen im lateralen Halsdreieck erfolgen (Lymphknotenentfernung). Es kommt zur Schiefhaltung des Kopfes nach kontralateral mit Wendung des Gesichts nach ipsilateral. Weiterhin findet sich bei den Patienten eine Schwäche beim Heben des Arms über die Horizontale sowie eine Scapula alata.

3.13 N. hypoglossus (Hirnnerv XII)

Der N. hypoglossus ist der einzige Hirnnerv, der vor der Olive aus der Medulla oblongata entspringt. Er zieht zwischen A. carotis interna und V. jugularis interna zum Zungengrund, wo er lateral des M. hyoglossus eintritt. Er ist der einzige Nerv, der motorisch die Zunge versorgt.
Faserqualität: rein somatomotorisch.

Übrigens ...
Nach einer Schädigung des N. hypoglossus weicht die Zunge beim Herausstrecken zur erkrankten Seite hin ab. Die Sprache ist dann meist verwaschen und das Schlucken erschwert.

3.14 Parasympathische Kopfganglien

Es gibt vier parasympathische Kopfganglien:
- Ganglion ciliare,
- Ganglion pterygopalatinum,
- Ganglion submandibulare und
- Ganglion oticum.

Die parasympathischen Ganglien liegen immer nah am Erfolgsorgan und verschalten die parasympathischen Fasern. Im Gegensatz dazu liegen die sympathischen Ganglien immer vom Erfolgsorgan entfernt.
Der grundsätzliche Bauplan der vegetativen Kopfganglien sieht folgendermaßen aus:

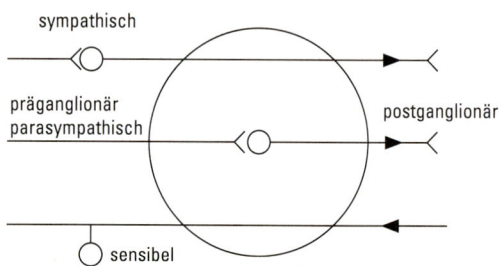

Abb. 9: Aufbau der vegetativen Kopfganglien

medi-learn.de/6-ana2-9

Jedes der vier Kopfganglien besitzt drei Nervenwurzeln unterschiedlicher Qualität. Die **parasympathischen präganglionären Fasern** werden im Ganglion auf das zweite Neuron umgeschaltet und ziehen als postganglionäre Fasern zum Erfolgsorgan. Die **sympathischen** und **sensiblen Anteile** ziehen durch das Ganglion hindurch, werden dort jedoch NICHT umgeschaltet.

> **Merke!**
>
> Zu jedem parasympathischen Kopfganglion gehören **sympathische, parasympathische und sensible Fasern**. Es werden jedoch NUR die **parasympathischen Fasern im Ganglion verschaltet**.

FÜRS MÜNDLICHE

3. Bitte nennen Sie, welchen Muskel der N. trochlearis versorgt.
M. obliquus superior.

4. Erläutern Sie bitte, was im Ganglion trigeminale/geniculi umgeschaltet wird.
Nichts! Dort liegen nur Nervenzellkörper der pseudounipolaren Nervenzellen.

5. Bitte erläutern Sie, was in den Kopfganglien umgeschaltet wird.
Immer nur der Parasympathikus.

Pause

Ein paar Seiten hast du schon geschafft!
Päuschen und weiter geht's!

Mehr Cartoons unter www.medi-learn.de/cartoons

DAS BRINGT PUNKTE

Auch wenn der N. phrenicus nicht zum ZNS gehört, hier der Hinweis, dass dieser Nerv im Zervikalmark auf Höhe C4 aus dem Vorderhorn entspringt und das Zwerchfell motorisch innerviert.

Für die vier Kopfganglien gilt: Jedes Ganglion weist drei zuführende Äste auf. Es werden NUR die parasympathischen Fasern umgeschaltet; die sympathischen und sensiblen Fasern werden NICHT verschaltet.

Ganglion	parasympathisch	sympathisch	sensibel
Ggl. ciliare	aus Ncl. Edinger-Westphal über den N. oculomotorius	aus dem Ggl. cervicale superius	aus dem N. nasociliaris des N. trigeminus
Ggl. pterygopalatinum	über den N. petrosus major aus dem N. facialis	aus dem Plexus caroticus	aus den Rr. ganglionares des N. maxillaris
Ggl. submandibulare	aus der Chorda tympani des N. facialis	aus dem Plexus caroticus	aus dem N. lingualis
Ggl. oticum	aus dem N. petrosus minor aus dem N. glossopharyngeus	aus dem Plexus caroticus	aus dem N. mandibularis (werden von motorischen Fasern begleitet)

Tab. 6: Die parasympathischen Kopfganglien mit ihren durchziehenden Fasern

FÜRS MÜNDLICHE

In der Vergangenheit wurden zum Thema „Hirnnerven" gerne folgende Fragen gestellt:

1. **Erklären Sie bitte, durch welches Foramen der N. maxillaris, mandibularis, glossopharyngeus, vagus, accessorius, hypoglossus den Schädel verlässt.**

2. **Bitte nennen Sie, welchen Muskel der N. abducens versorgt.**

3. **Bitte nennen Sie, welchen Muskel der N. trochlearis versorgt.**

4. **Erläutern Sie bitte, was im Ganglion trigeminale/geniculi umgeschaltet wird.**

5. **Bitte erläutern Sie, was in den Kopfganglien umgeschaltet wird.**

---

1. **Erklären Sie bitte, durch welches Foramen der N. maxillaris, mandibularis, glossopharyngeus, vagus, accessorius, hypoglossus den Schädel verlässt.**
Foramen rotundum, ovale, jugulare, jugulare, jugulare, Canalis hypoglossi.

2. **Bitte nennen Sie, welchen Muskel der N. abducens versorgt.**
M. rectus lateralis.

DAS BRINGT PUNKTE

Es lohnt sich, das Kapitel 3.1, S. 15 genau durchzuarbeiten. Viele der hierzu gestellten Fragen galten der **Makroskopie**. Du solltest dir daher unbedingt merken, welcher Nerv welches Foramen als Schädeldurchtrittsstelle nutzt.

Häufig wurde auch das Thema **Augenmuskeln**, deren Innervation und Funktion gefragt. Daher hier noch mal eine kurze Zusammenfassung:

Muskel	Funktion	Innervation
M. rectus superior	hebt den Blick	N. oculomotorius (III)
M. rectus inferior	senkt den Blick	N. oculomotorius (III)
M. rectus medialis	Blick nach medial	N. oculomotorius (III)
M. obliquus inferior	hebt den Blick	N. oculomotorius (III)
M. rectus lateralis	Blick nach lateral	N. abducens (VI)
M. obliquus superior	senkt den Blick	N. trochlearis (IV)

Tab. 5: Funktion und Innervation der Augenmuskeln

Des Weiteren solltest du den **N. trigeminus** mit seinen Aufteilungen kennen und wissen, dass im Ganglion trigeminale NUR Nervenzellkörper liegen.
Außerdem wurde gern nach dem Verlauf und dem Innervationsgebiet des **N. facialis** einschließlich der Chorda tympani gefragt. Hier solltest du wissen, dass die Chorda tympani alle Speicheldrüsen mit Ausnahme der Glandula parotis parasympathisch innerviert. Daneben spielt das Ganglion geniculi bei der Übertragung von Geschmacksinformationen eine wichtige Rolle.

Auch **klinische Fragen** wurden häufig gestellt. Merke dir daher bitte, dass
- eine Schädigung der Radix motoria des N. trigeminus KEINEN Ausfall des M. buccinator zur Folge hat, da dieser durch den N. facialis innerviert wird,
- durch das Foramen rotundum der zweite Ast des N. trigeminus (N. maxillaris) zieht und dass dieser KEINE motorischen Fasern besitzt,
- bei Schädigung des N. accessorius der M. trapezius gelähmt ist. Deshalb kann der Arm nicht mehr über die Horizontale gehoben werden,
- der N. intermediofacialis sensorisch über die Chorda tympani die vorderen zwei Drittel der Zunge versorgt,
- nach Durchtrennung des N. oculomotorius Paresen im M. rectus medialis, M. rectus inferior, M. rectus superior sowie M. obliquus inferior zu finden sind. Der M. obliquus superior wird durch den N. trochlearis, der M. rectus lateralis durch den N. abducens innerviert,
- bei der peripheren Fazialisparese Stirnrunzeln, Lidschluss und Mundbewegungen auf der betroffenen Seite fehlen,
- bei der zentralen Fazialisparese lediglich die mimische Muskulatur unterhalb des Auges nicht mehr bewegt werden kann, da der Teil oberhalb des Auges von kontralateral mitversorgt wird und
- bei einer Schädigung des N. hypoglossus die Zunge beim Herausstrecken zur erkrankten Seite abweicht.

Ein weiterer Physikumsliebling sind die Fragen nach der **sekretorischen Innervation der Speicheldrüsen** und nach den **parasympathischen Kopfganglien**.

3.14.1 Ganglion ciliare

Das Ganglion ciliare liegt in der Orbita, lateral des N. opticus.
Seine **parasympathischen Fasern** stammen aus dem Ncl. Edinger-Westphal (Ncl. oculomotorius accessorius) und gelangen mit dem N. oculomotorius zum Ganglion ciliare. Dort werden sie verschaltet und ziehen danach zu den glatten inneren Augenmuskeln (M. sphincter pupillae und M. ciliaris).
Die **sympathischen Fasern** ziehen aus dem Ganglion cervicale superius ohne Umschaltung durch das Ganglion ciliare und innervieren den M. dilatator pupillae.
Die **sensiblen Fasern** aus dem N. nasociliaris des N. trigeminus ziehen ebenfalls unverschaltet durch das Ganglion hindurch und innervieren die Hornhaut des Auges.

> **Übrigens ...**
> Wird das Ganglion ciliare geschädigt, erlischt der Kornealreflex und die Pupille kann nicht mehr auf Lichtreize reagieren.

3.14.2 Ganglion pterygopalatinum

Das Ganglion pterygopalatinum liegt in der Fossa pterygopalatina. Dort werden die sekretorischen Fasern zur Tränendrüse auf das zweite Neuron umgeschaltet.
Die **parasympathischen Fasern** erhält es über den N. petrosus major aus dem Intermediusanteil des N. facialis. Die postganglionären Fasern ziehen mit dem N. zygomaticus aus dem N. maxillaris zur Orbita und von dort zur Tränendrüse, die sie sekretorisch innervieren.
Die **sympathischen Fasern** kommen aus dem Plexus caroticus.
Die **sensiblen Fasern** stammen aus den Rr. ganglionares des N. maxillaris. Sie innervieren den Gaumen sowie die Nasennebenhöhlen sensibel.

3.14.3 Ganglion submandibulare

Das Ganglion submandibulare liegt oberhalb der Glandula submandibularis. Es innerviert die Glandulae submandibularis und sublingualis sowie einige akzessorische Zungendrüsen.
Die **parasympathischen Anteile** stammen aus der Chorda tympani des N. facialis und versorgen außer der Glandula parotis ALLE Speicheldrüsen. Die **sympathischen Anteile** stammen aus dem Plexus caroticus und die **sensiblen Fasern** entstammen dem N. lingualis.

3.14.4 Ganglion oticum

Das Ganglion oticum liegt in der Fossa infratemporalis, medial des Austritts des N. mandibularis. Dort werden die parasympathischen Fasern für die Glandula parotis verschaltet.
Die **parasympathischen Fasern** verlaufen über den N. petrosus minor aus dem N. glossopharyngeus zum Ganglion, werden dort verschaltet und ziehen dann mit dem N. auriculotemporalis aus V3 zur Glandula parotis.
Die **sympathischen Fasern** entstammen dem Plexus caroticus und gelangen über die A. meningea media zum Ganglion.
Die **sensiblen Fasern** werden hier von motorischen Fasern begleitet und entstammen dem N. mandibularis. Die **motorischen Fasern** innervieren den M. tensor veli palatini sowie den M. tensor tympani.

Ein besonderer Berufsstand braucht besondere Finanzberatung.

Als einzige heilberufespezifische Finanz- und Wirtschaftsberatung in Deutschland bieten wir Ihnen seit Jahrzehnten Lösungen und Services auf höchstem Niveau. Immer ausgerichtet an Ihrem ganz besonderen Bedarf – damit Sie den Rücken frei haben für Ihre anspruchsvolle Arbeit.

- Services und Produktlösungen vom Studium bis zur Niederlassung
- Berufliche und private Finanzplanung
- Beratung zu und Vermittlung von Altersvorsorge, Versicherungen, Finanzierungen, Kapitalanlagen
- Niederlassungsplanung & Praxisvermittlung
- Betriebswirtschaftliche Beratung

Lassen Sie sich beraten!
Nähere Informationen und unseren Repräsentanten vor Ort finden Sie im Internet unter www.aerzte-finanz.de

Deutsche Ärzte Finanz

Standesgemäße Finanz- und Wirtschaftsberatung

4 Rückenmark

 Fragen in den letzten 10 Examen: 8

Das Rückenmark enthält Nervenzellen und Nervenfasern. Es ist afferent und efferent mit dem Gehirn verbunden. Im Rückenmark liegen auch die Motoneurone, die die Muskeln motorisch innervieren und damit Bewegungen ermöglichen.

4.1 Makroskopie

Die Medulla spinalis (Rückenmark) ist ca. 45 cm lang, liegt im Wirbelkanal und ist von Hirnhäuten und Liquor umgeben. Sie reicht beim Erwachsenen bis zum ersten Lendenwirbelkörper und endet im Conus medullaris.

> **Merke!**
>
> Beim Säugling reicht das Rückenmark noch bis zum dritten Lendenwirbelkörper (LWK), beim Erwachsenen nur bis zum ersten LWK. Dies resultiert aus dem – im Vergleich zum Rückenmark – schnelleren Wachstum der Wirbelsäule.

Das Rückenmark ist am Schädel im Bereich des Foramen magnum und am Os sacrum über das **Filum terminale** fixiert und macht alle Bewegungen mit.

> **Übrigens …**
> Das Filum terminale wird in der mündlichen Prüfung leicht mit einem Nerv verwechselt! Du vermeidest diesen Fehler, wenn du den Conus medullaris aufsuchst und den daraus entspringenden Fortsatz als Filum terminale (Gliagewebe) zeigst.

Schaut man sich das Rückenmark in seiner gesamten Länge an, findet man zwei Verdickungen:
- **Intumescencia** (Anschwellung) **cervicalis** und
- **Intumescencia lumbosacralis**.

Diese Verdickungen liegen im Bereich der Segmente, die den Plexus cervicalis/brachialis und lumbosacralis bilden. Die Anschwellung kommt durch die große Anzahl motorischer Neurone zustande.
Im folgenden Querschnitt sind schematisch alle wesentlichen makroskopischen Details dargestellt (s. Abb. 10, S. 31).

> **Merke!**
>
> Die **F**issura mediana anterior liegt **v**orn.

Das Rückenmark kann in Segmente (Abschnitte) eingeteilt werden. Dabei gibt es ebenso viele Rückenmarkssegmente wie Wirbelkörper, mit einer Ausnahme: Der Mensch hat sieben Halswirbelkörper, aber acht zervikale Spinalnervenpaare. Dies hat entwicklungsgeschichtliche Ursachen, denn die Okziputkondylen waren ursprünglich ein eigener Wirbel und sind sekundär mit dem Okziput verwachsen. Deshalb ziehen die Spinalnerven im Zervikalmark (C1–C8) **oberhalb des Wirbelkörpers** entlang. Im Thorakalmark ziehen die 12 Spinalnervenpaare dagegen **unterhalb des Wirbelkörpers** entlang, ebenso wie im Lumbalmark (L1–L5), Sakralmark (S1–S5) und Kokzygealmark.

4.1 Makroskopie

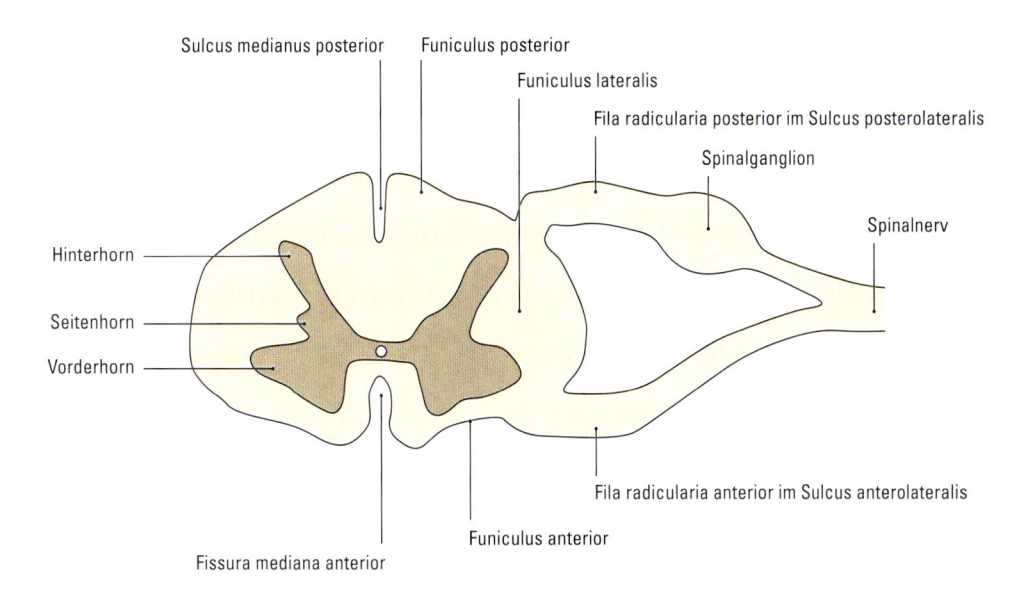

Abb. 10: Rückenmark im Querschnitt

Labels: Sulcus medianus posterior, Funiculus posterior, Funiculus lateralis, Fila radicularia posterior im Sulcus posterolateralis, Spinalganglion, Spinalnerv, Hinterhorn, Seitenhorn, Vorderhorn, Fissura mediana anterior, Funiculus anterior, Fila radicularia anterior im Sulcus anterolateralis

medi-learn.de/6-ana2-10

> **Merke!**
>
> Im Zervikalmark gibt es acht Spinalnervenpaare. Diese ziehen oberhalb des entsprechenden Wirbelkörpers entlang. Im Thorakal-, Lumbal- und Sakralmark gibt es genau so viele Spinalnervenpaare wie Wirbel. Die Spinalnerven ziehen unterhalb des entsprechenden Wirbelkörpers entlang.

Wie bereits beschrieben, reicht das Rückenmark beim Erwachsenen bis zum ersten Lendenwirbelkörper. D. h., dass z. B. das Rückenmarksegment L1 noch im Bereich der Brustwirbelsäule liegt. Dementsprechend verlaufen die Nervenwurzeln nach ihrem Austritt aus dem Rückenmark noch ein Stück im Wirbelkanal nach unten, bevor sie in ihrem zugehörigen Foramen intervertebrale austreten. Ab LWK 1 laufen im Wirbelkanal nur noch Nervenfasern zu ihren Intervertebrallöchern. Diese Fasern werden als **Cauda equina** (Pferdeschwanz) bezeichnet.

Übrigens ...
Sehr häufig hört man von Bandscheibenvorfällen und damit verbundenen Schmerzen/Ausfallerscheinungen. Die Bandscheiben (Zwischenwirbelscheiben) liegen zwischen den Wirbelkörpern und sind nach ventral und dorsal durch ein straffes Längsband gegen Herausrutschen weitgehend gesichert. Bei chronischer Fehlbelastung der Wirbelsäule mit Bandscheibendegeneration kann der Anulus fibrosus der Bandscheibe reißen und der Nucleus pulposus wird meist nach lateral herausgequetscht. Dies wird als Bandscheibenvorfall/Diskusprolaps bezeichnet. Makroskopisch tritt die Nervenwurzel (z. B. L4) im oberen Drittel von LWK 4 aus dem Durasack aus und zieht dann schräg nach kaudal ventral, um im Foramen intervertebrale auszutreten. Die Nervenwurzel L5 liegt dorsolateral der Bandscheibe L4/5. Dies hat bei einem Diskusprolaps von L4/5 eine Kompression der Nervenwurzel L5 zur Folge. Klinisch äußert sich dies in segmentartigen

4 Rückenmark

Sensibilitätsstörungen von der proximalen Unterschenkelaußenseite schräg über die Schienbeinvorderkante bis zum Großzehenrücken. Außerdem kommt es zur Schwächung der Dorsalextension der Großzehe. Danach wird häufig im Mündlichen gefragt.

4.2 Rückenmarkshäute

Das Rückenmark ist – ebenso wie das Gehirn – von einer harten und einer weichen Hirnhaut umgeben.
Die weiche Hirnhaut besteht aus zwei Anteilen:
- Die **Pia mater** liegt dem Rückenmark direkt an und zieht auch in die Furchen hinein.
- Die **Arachnoidea mater** (Spinnengewebshaut) liegt der harten Hirnhaut von innen an und hüllt das Rückenmark samt Pia mater ein, ohne bis in die Furchen zu ziehen.

Die **Dura mater** (harte Hirnhaut) besteht aus straffem Bindegewebe und hüllt die beiden anderen Häute von außen ein.

4.3 Räume im und um das Rückenmark

Der Raum zwischen dem Periost der Wirbelkörper und der Dura mater heißt **Epiduralraum** oder **Periduralraum**. Er ist mit Fettgewebe und einem darin eingebetteten Venenplexus ausgefüllt. Die Spinalnerven durchziehen diesen Raum auf dem Weg zum Foramen intervertebrale. Dura mater und Arachnoidea sind miteinander verwachsen. Zwischen Arachnoidea und Pia mater befindet sich der **Subarachnoidalraum**. Dies ist der äußere Liquorraum des Rückenmarks, der folglich mit Liquor gefüllt ist. Er reicht bis SWK 2.

> **Merke!**
>
> Im Gegensatz zum Gehirn existiert im Rückenmark ein **Epi- oder Periduralraum**.

Übrigens ...
- Bei einer **Lumbalpunktion** gewinnt man Liquor, indem man zwischen LWK 3 und LWK 4 den Subarachnoidalraum punktiert.
- Eine **Peridural- (Epidural-)anästhesie** wird zur **selektiven Blockade** einzelner Spinalnerven eingesetzt. Dabei sticht man zwischen zwei Wirbelbögen ein und spritzt sich den Periduralraum mit NaCl-Lösung weit, da dieser mit 1–2 mm ziemlich eng ist. Hat man den Periduralraum punktiert, „fällt" man mit der Kanüle regelrecht in das dort vorhandene Fettgewebe hinein und kann das Lokalanästhetikum applizieren. Da dieses im Fettgewebe schlecht diffundiert, bleibt die anästhetische Wirkung auf wenige Segmente beschränkt.
- Im Gegensatz dazu betäubt man bei der **Spinalanästhesie** alle Wurzeln kaudal der Injektionsstelle gleichzeitig. Das Vorgehen ähnelt dem der Lumbalpunktion, nur injiziert man nach erfolgreicher Punktion ein Lokalanästhetikum, das sich im Liquor verteilt und die Betäubung der Nervenfasern zur Folge hat.

4.4 Graue und weiße Substanz

Im ZNS kann man graue und weiße Substanz schon makroskopisch unterscheiden:
- graue Substanz = Perikaryen und
- weiße Substanz = Fortsätze und Gliagewebe.

> **Merke!**
>
> - Im Gehirn liegt die graue Substanz außen (Rinde) und die weiße Substanz innen.
> - Im Rückenmark liegt die graue Substanz innen und die weiße Substanz außen.
>
> Lass dich also bitte nicht von den gefärbten Rückenmarkspräparaten täuschen.

4.4 Graue und weiße Substanz

Die graue Substanz im Rückenmark weist eine typische Schmetterlingskonfiguration auf. Dabei zeigt der breitere Teil als **Cornu anterius** nach vorn. Er wird als Vorderhorn bezeichnet und enthält motorische Neurone. Im schmaleren **Cornu posterius** (Hinterhorn) werden sensible Neurone aus dem Spinalganglion umgeschaltet.

> **Merke!**
>
> ventral = motorisch
> dorsal = sensibel

Wie Abb. 10, S. 31 darstellt, vereinigen sich die Vorderwurzeln und die Hinterwurzeln zum Spinalnerv. Zwischen Vorder- und Hinterhorn befindet sich das **Cornu laterale** (Seitenhorn), das nur im Thorakal- und Lumbalmark vorkommt und die Neurone des vegetativen Nervensystems enthält.

Bisher haben wir nur vom Querschnitt, also zwei Dimensionen gesprochen. Da das Rückenmark aber ein dreidimensionales Gebilde ist, setzen sich die Vorder- und Hinterhörner über die gesamte Länge des Rückenmarks fort. Man spricht daher von **Säulen** (Vorder- und Hintersäulen). Die **Commissura grisea** verbindet die beiden Schmetterlingshälften der grauen Substanz miteinander. Darin befindet sich der **Canalis centralis**. Er steht mit dem inneren Liquorraum des Gehirns in Verbindung, ist jedoch häufig obliteriert.

Histologisch wird die graue Substanz in Laminae (unterschiedliche Zellschichten) eingeteilt. Diese werden von dorsal nach ventral von I–X nummeriert. Parallel dazu können auch Nervenkerne in der grauen Substanz abgegrenzt werden. Diese können v. a. im Bereich des Hinterhorns den Laminae zugeordnet werden.

Die **weiße Substanz** liegt um die graue Substanz herum und enthält nur **Fortsätze**. Sie wird gegliedert in die **Funiculi** (Stränge): Vorder-, Seiten- und Hinterstrang.

> **Merke!**
>
> Hörner und Säulen = graue Substanz
> Strang = weiße Substanz
> **Vorderhorn/Vordersäule:**
> – graue Substanz motorisch
> **Hinterhorn/Hintersäule:**
> – graue Substanz sensibel
> **Seitenhorn:**
> – graue Substanz vegetatives Nervensystem
> **Vorderstrang/Seitenstrang:**
> – weiße Substanz **sensible und motorische Bahnen!**

Da z. T. auch Bahnen auf Rückenmarksebene kreuzen, müssen Verbindungen zwischen der weißen Substanz der rechten und linken Rü-

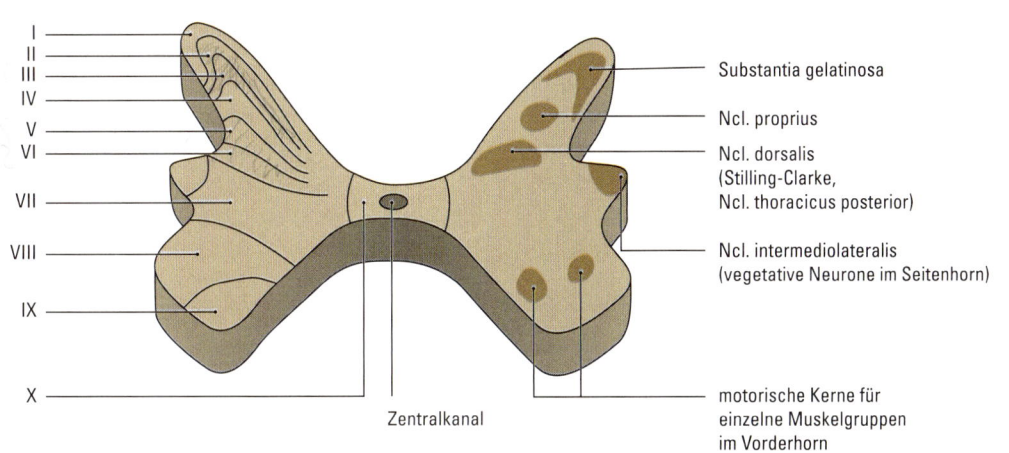

Abb. 11: Gliederung der grauen Substanz

ckenmarkshälfte vorhanden sein. Diese existieren auch und zwar in Form der **Commissura alba anterior et posterior**, die vor oder hinter der Commissura grisea liegen.

4.4.1 Hinterhorn

Im Hinterhorn endet ein Teil der sensiblen Fasern. Dort wird die sensible Information vom ersten Neuron (Perikaryon im Spinalganglion) auf das zweite Neuron umgeschaltet.

> **Merke!**
>
> Die sensible Information läuft über **mindestens drei Neurone** zum Großhirn: Das Perikaryon des ersten Neurons liegt im Spinalganglion, das zweite Perikaryon liegt im Rückenmark und das dritte Perikaryon im Thalamus.

Ncl. dorsalis (Stilling-Clarke)

Dieses Kerngebiet wird auch als Ncl. thoracicus posterior bezeichnet. Es nimmt die Lamina V–VI ein und existiert nur im Thorakolumbalmark. Der Ncl. dorsalis empfängt propriozeptive Impulse aus der Peripherie (Tiefensensibilität). Diese geben Aufschluss über Lage und Stellung des Körpers sowie der Extremitäten und werden im **Tractus spinocerebellaris posterior** zum Kleinhirn weitergeleitet.

Ncl. proprius

Dieser Kern liegt im gesamten Rückenmark in der Mitte des Hinterhorns. Wie der Ncl. dorsalis leitet er propriozeptive Afferenzen.

Propriozeption = Tiefensensibilität

Darunter versteht man sensible Impulse aus den Muskelspindeln, Gelenk- und Sehnenrezeptoren, die Informationen über die Lage und Stellung des Körpers weiterleiten.

Substantia gelatinosa

Dieser Kernkomplex entspricht den Lamina II und III und liegt damit ganz dorsal im Hinterhorn. Er erhält proprio- und exterozeptive **Schmerzafferenzen**. Diese werden hier auf das zweite Neuron umgeschaltet und gelangen über den **Tractus spinothalamicus** zum Thalamus.

4.4.2 Seitenhorn

Das Seitenhorn wird auch **Ncl.** oder **Columna intermediolateralis** genannt. Es existiert im Thorakal-, Lumbal- und Sakralmark, jedoch NICHT im Zervikalmark. Makroskopisch gut sichtbar ist es jedoch nur im Thorakalmark. Vom Segment C8 bis L2/L3 befinden sich im Seitenhorn die ersten Neurone der **sympathischen efferenten Bahn**. Die Umschaltung auf das zweite Neuron erfolgt in den Grenzstrangganglien. Im Sakralmark liegen die ersten Neurone der **parasympathischen efferenten Bahn**. Die Umschaltung auf das zweite Neuron erfolgt nah am Erfolgsorgan.

> **Merke!**
>
> Der Sympathikus hat seine Neurone **thorakolumbal**, der Parasympathikus **kraniosakral**.

4.4.3 Vorderhorn

Die im Vorderhorn liegenden Neurone versorgen motorisch (efferent) die Skelettmuskulatur. Sie liegen im Bereich der Lamina VIII–IX. An Zellen finden sich dort α-, β- und γ-Motoneurone. γ-Motoneurone innervieren die Muskelfasern in den Muskelspindeln, die für die Feinabstimmung der Bewegung mitverantwortlich sind. Als Neurotransmitter der Motoneurone fungiert Acetylcholin.

4.5 Reflexe

> **Übrigens ...**
> Bei der Kinderlähmung (Poliomyelitis) kommt es zu einer schlaffen Lähmung der vom betroffenen Rückenmarksegment versorgten Muskeln bei erhaltener Sensibilität.

4.5 Reflexe

Ein Reflex ist eine unwillkürliche, immer gleich verlaufende Antwort eines Organs auf einen Reiz. Neben dem **Muskeleigenreflex** und dem **Fremdreflex** gibt es noch andere Arten, auf die hier aber nicht näher eingegangen wird.

> **Merke!**
> - Bei einem Eigenreflex erfolgen Reiz und Antwort in einem Organ.
> - Bei einem Fremdreflex erfolgen Reiz und Antwort in unterschiedlichen Organen. Sie sind stets polysynaptisch.

4.5.1 Muskeleigenreflex

Beim Patellarsehnenreflex z. B. dehnt man durch Schlag auf die Patellarsehne den M. quadriceps femoris und erregt die darin befindlichen Muskelspindeln. Die Afferenzen der Muskelspindeln ziehen durch das Hinterhorn hindurch, um direkt am α-Motoneuron des gedehnten Muskels zu enden. Das α-Motoneuron wird erregt und der gedehnte Muskel kontrahiert sich. In unserem Beispiel kommt es zur Streckung im Kniegelenk. Bei diesem Reflex ist nur eine Synapse zwischengeschaltet. Man spricht deshalb von einem **monosynaptischen Reflex**.
Im Schriftlichen wurde vermehrt nach den Segmentzuordnungen einzelner Muskeln und Reflexe gefragt. Dies sind die meistgefragten:

Reflex/ innverviertes Organ	Segment
Achillessehnenreflex	S1 – S2
Bizepssehnenreflex	C5 – C6
Patellarsehnenreflex	L3 – L4
Motoneurone zur Innervation der Mm. interossei	C8 – Th1
Plexus brachialis	C5 – Th1 (ventrale Äste)

Der Patellarsehnenreflex kann nur bei intakten Radices posteriores des N. femoralis ausgelöst werden.

4.5.2 Renshaw-Hemmung

In unserem Beispiel wurden als Reflexantwort die Strecker innerviert. Zur Beendigung des Reflexes tragen die **Renshaw-Zellen** bei. Dies sind Interneurone, die hemmend auf dasjenige Alpha-Neuron projizieren, das die Renshaw-Zellen über eine Kollaterale aktiviert hat.

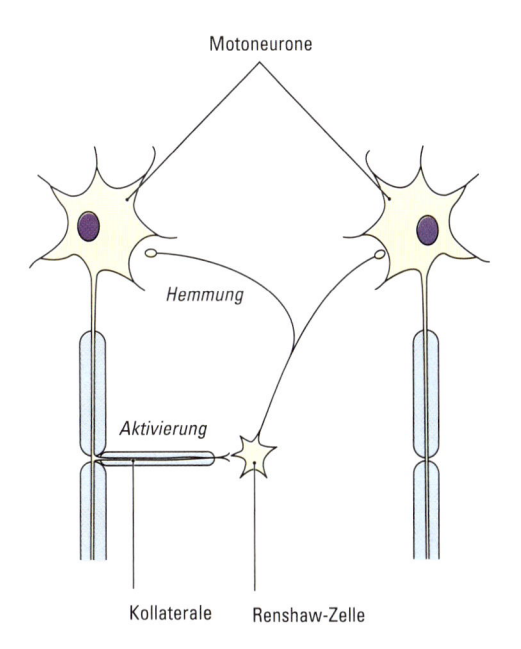

Abb. 12: Renshaw-Zellen   *medi-learn.de/6-ana2-12*

4 Rückenmark

4.5.3 Fremdreflex

Als Beispiel soll hier das Treten in eine Glasscherbe dienen. Dabei registriert die Haut den Schmerzreiz und das Bein wird reflektorisch im Knie gebeugt (der Fuß zurückgezogen). Das andere Knie wird gestreckt, um das Gleichgewicht zu halten. Die Afferenz aus der Haut des Fußes zieht in das Hinterhorn und wird dort auf zwei Zwischenneurone umgeschaltet. Das erste erregt das **ipsilaterale** Motoneuron, das die Kniebeuger innerviert, das zweite Interneuron erregt das **kontralateral** gelegene Motoneuron zur Innervation der Kniestrecker im anderen Bein.

4.6 Bahnen

Die auf- und absteigenden Bahnen des Rückenmarks verlaufen in der weißen Substanz im Vorder-, Seiten- und Hinterstrang.

> **Merke!**
>
> – Die meisten absteigenden Bahnen enden im Vorderhorn und werden deshalb auch als motorische Bahnen bezeichnet.
> – Die meisten aufsteigenden Bahnen nehmen ihren Ursprung im Hinterhorn und werden als sensible Bahnen bezeichnet.

Die linke Körperhälfte ist sowohl sensibel als auch motorisch überwiegend in der rechten Großhirnhemisphäre repräsentiert und umgekehrt. Das bedeutet, dass fast alle Bahnen irgendwann zur Gegenseite kreuzen.

4.6.1 Sensible (aufsteigende) Bahnen

> **Merke!**
>
> Die Bahnen werden in aller Regel nach Ursprungs- und Zielort benannt. Daher zieht z. B. der Tractus spinothalamicus vom Rückenmark zum Thalamus.

Tractus spinothalamicus

Diese Bahn wird auch als Vorderseitenstrang bezeichnet und setzt sich aus zwei Teilen, dem Tractus spinothalamicus lateralis et anterior, zusammen. Im Vorderseitenstrang werden grobe Druck-, Tast-, Temperatur- und Schmerzempfindungen geleitet. Diese fasst man auch als **protopathische Sensibilität** zusammen. Die Schmerzafferenzen werden in der Substantia gelatinosa auf das zweite Neuron umgeschaltet, nachdem sie direkt nach ihrem Eintritt ins Rückenmark ein bis zwei Segmente aufgestiegen sind. Zusammen mit den anderen Faserqualitäten **kreuzen** sie in der **Commissura alba** auf die Gegenseite und ziehen zum Thalamus. Von dort projizieren sie in die Großhirnrinde.

> **Übrigens ...**
>
> Unter dissoziierter Empfindungsstörung versteht man einen isolierten Ausfall der protopathischen Sensibilität.

Hinterstrangbahnen

Der Hinterstrang wird durch zwei Bahnen gebildet. Der **Fasciculus gracilis** führt die Impulse der unteren Extremität und liegt im Rückenmark ganz medial. Der **Fasciculus cuneatus** existiert erst ab dem Thorakalmark und führt dementsprechend die Impulse der oberen Extremität. Er liegt lateral des Fasciculus gracilis. Daraus ergibt sich eine somatotope Gliederung.

Die Hinterstrangbahnen werden auf Rückenmarksebene **NICHT verschaltet**, sondern ziehen **ungekreuzt** zur Medulla oblongata. Dort werden sie im Ncl. gracilis et cuneatus auf das zweite Neuron umgeschaltet. Danach kreuzen sie und ziehen als Lemniscus medialis zu den lateralen Thalamuskernen der Gegenseite.

Die Hinterstrangbahnen leiten **propriozeptive** (Information aus den Muskel-, Sehnen- und Gelenkrezeptoren über Lage und Stellung der

4.6.2 Motorische (absteigende) Bahnen

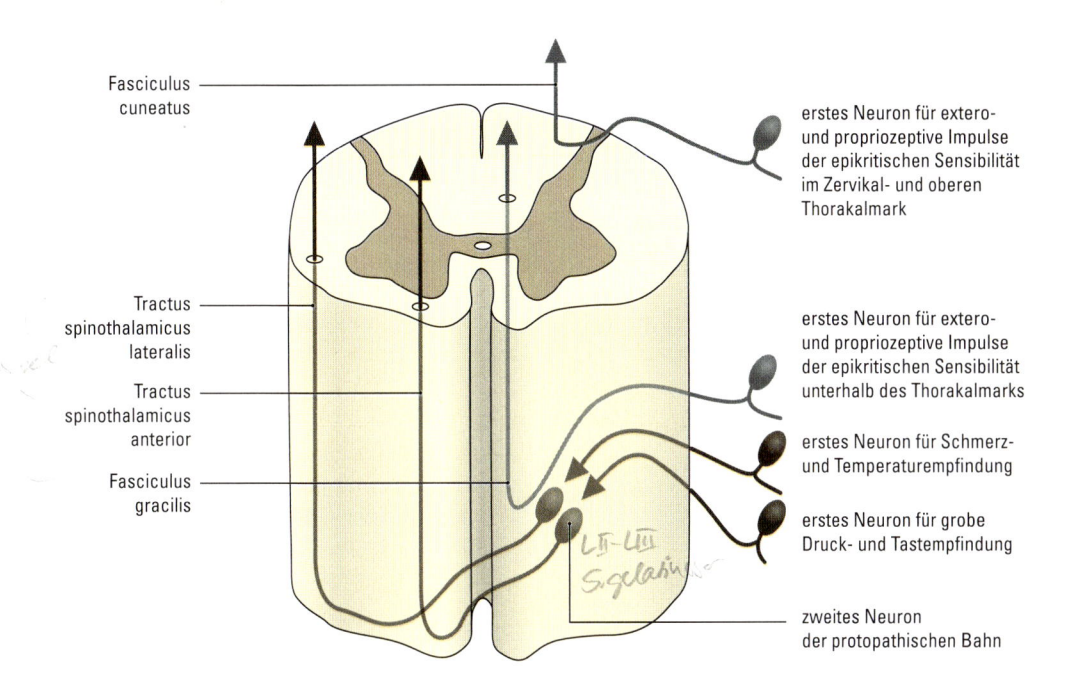

Abb. 13: Vorderseiten- und Hinterstrangbahn

Extremitäten) und **exterozeptive** (Information über Lokalisation und Qualität einer Berührung) Impulse der **epikritischen Sensibilität**.

> **Merke!**
>
> Da die Hinterstränge ungekreuzt verlaufen, kommt es bei einer Schädigung zu Ausfällen auf der ipsilateralen Seite.

Kleinhirnseitenstrangbahnen

Die Kleinhirnseitenstrangbahnen bestehen ebenfalls aus zwei Bahnen:
- **Tractus spinocerebellaris posterior** und
- **Tractus spinocerebellaris anterior**.

Der Tractus spinocerebellaris posterior entspringt im Ncl. dorsalis (Stilling-Clarke, s. Abb. 11, S. 33) und leitet propriozeptive Informationen im **gleichseitigen** Seitenstrang zum Kleinhirn. Der Tractus spinocerebellaris anterior entspringt an der Basis des Hinterhorns (Lamina V–VIII) und leitet ebenfalls propriozeptive Informationen zum Kleinhirn. Allerdings verläuft der Tractus spinocerebellaris anterior **gleichseitig und gekreuzt** im ventrolateralen Seitenstrang. Die auf Rückenmarksebene gekreuzten Anteile kreuzen beim Eintritt ins Kleinhirn wieder nach ipsilateral zurück.

Das Kleinhirn erhält über den Tractus spinocerebellaris posterior et anterior nur Afferenzen aus dem ipsilateralen Rückenmark. Mithilfe dieser Informationen reguliert das Kleinhirn die Feinmotorik.

4.6.2 Motorische (absteigende) Bahnen

Im Prinzip gibt es zwei wichtige motorische Bahnsysteme. Zum einen die **Pyramidenbahn**, die den Hauptteil der absteigenden Bahnen ausmacht und zum anderen die **extrapyramidalen Bahnen**.

Pyramidenbahn (Tractus corticospinalis)

Die Pyramidenbahn nimmt ihren Ursprung im Motokortex, zieht durch den Hirnstamm und bildet in der Medulla oblongata die medial liegende **Pyramide**.

4 Rückenmark

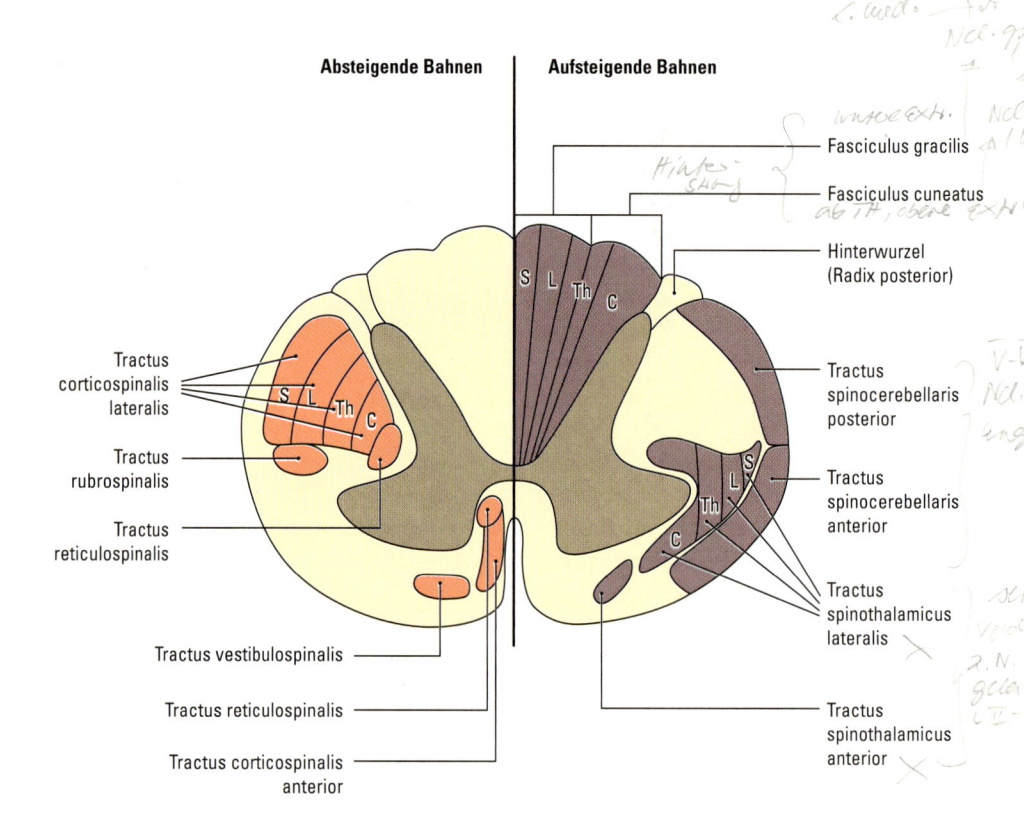

Abb. 14: Somatotopik der Rückenmarksbahnen

Absteigende Bahnen | Aufsteigende Bahnen

- Fasciculus gracilis
- Fasciculus cuneatus
- Hinterwurzel (Radix posterior)
- Tractus corticospinalis lateralis
- Tractus spinocerebellaris posterior
- Tractus rubrospinalis
- Tractus spinocerebellaris anterior
- Tractus reticulospinalis
- Tractus spinothalamicus lateralis
- Tractus vestibulospinalis
- Tractus reticulospinalis
- Tractus spinothalamicus anterior
- Tractus corticospinalis anterior

Direkt darunter **kreuzen ca. 90 %** der Fasern zur Gegenseite (Pyramidenbahnkreuzung oder Decussatio pyramidorum), um anschließend als Tractus corticospinalis lateralis im Seitenstrang nach unten zu ziehen und die α-Motoneurone zu innervieren. Die 10 % der ungekreuzten Fasern laufen medial der Fissura longitudinalis anterior als Tractus corticospinalis anterior nach unten, um schließlich in Segmenthöhe auch zu kreuzen.

> **Merke!**
>
> Alle Fasern der Pyramidenbahn kreuzen zur Gegenseite.

Übrigens ...
Eine Schädigung der Pyramidenbahn hat eine spastische Parese mit Beeinträchtigung vor allem der Feinmotorik zur Folge. Bei der Schädigung fällt dementsprechend auch die Kontrollfunktion aus, sodass primitive Reflexe wieder ausgelöst werden können. Ein klinisch wichtiges Beispiel hierfür ist der **Babinski-Reflex** (Bestreichen des lateralen Fußrandes führt zur Dorsalextension der Großzehe).

Extrapyramidale Bahnen

Hierunter versteht man alle motorischen Bahnen, die ins Rückenmark projizieren und nicht in der Pyramidenbahn verlaufen.

4.7 Gefäßversorgung

Ursprung	Name der Bahn	Kreuzung
Ncl. ruber	Tractus rubrospinalis	ja
Ncll. vestibulares	Tractus vestibulospinalis	nein
Formatio reticularis	Tractus reticulospinalis	läuft bilateral

Tab. 7: Extrapyramidale Bahnen

Die extrapyramidalen Bahnen (außer der Tractus rubrospinalis) innervieren in erster Linie die Motoneurone der Rumpf- und proximalen Extremitätenmuskulatur. Deshalb sind sie vorrangig für die **Massenbewegungen** von Rumpf und Extremitäten verantwortlich. Besonders der Tractus vestibulospinalis sowie der Tractus reticulospinalis spielen eine wichtige Rolle für den **Tonus** der Muskulatur.

4.7 Gefäßversorgung

Das Rückenmark wird durch drei längs verlaufende Arterien mit Blut versorgt. Die A. spinalis anterior läuft in der Fissura longitudinalis anterior. Sie entspringt aus den beiden Aa. vertebrales. Dorsal verlaufen zwei Aa. spinales posteriores, die aus den Aa. posteriores inferiores cerebelli entspringen. Besonders im Bereich der Intumeszenzen (Verdickungen) sichern Zuflüsse, die von den Interkostal- bzw. Lumbalarterien abstammen, die Blutversorgung.

Bahn	Qualität	Verschaltung/Kreuzung
sensibler Vorderseitenstrang (Tractus spinothalamicus)	Schmerz, Temperatur, grobe Druck- und Tastempfindung (protopathische Sensibilität)	segmentale Verschaltung mit nachfolgender Kreuzung über die Commissura alba
Hinterstrangbahnen (Fasciculus gracilis et cuneatus)	fein differenzierte Tastwahrnehmung und Propriozeption (epikritische Sensibilität)	Verschaltung und Kreuzung erst im Hirnstamm
Kleinhirnseitenstrangbahnen	propriozeptive Impulse zum Kleinhirn	teilweise gekreuzt, teilweise ungekreuzt zum Kleinhirn
Pyramidenbahn (Tractus corticospinalis)	feinmotorische Innervation der distalen Extremitätenmuskulatur	90 % kreuzen im Bereich der Medulla oblongata, 10 % kreuzen später
extrapyramidale Bahnen (Ursprung in den Hirnnervenkernen)	grobmotorische Innervation der proximalen Extremitätenmuskulatur	

Tab. 8: Wichtigste Bahnen, ihre Faserqualitäten sowie Verschaltung und Kreuzung

NUR FÜR CLUBMITGLIEDER

WWW.MEDI-LEARN.DE/CLUB/AB123

DEINE EXAMENSERGEBNISSE PER SMS KOSTENLOS AUFS HANDY

SMS

MEDI-LEARN

5 Makroskopie des Gehirns

Fragen in den letzten 10 Examen: 1

In diesem Kapitel werden die grundlegenden makroskopischen Strukturen dargestellt, die du am kompletten und sagittal halbierten Gehirn erkennen solltest. Auf erklärenden Text wurde hier weitestgehend verzichtet, da die wesentlichen Strukturen im vorangegangenen und nachfolgenden Text erklärt werden.

5.1 Topografische Achsen

Wie bereits in Kapitel 2.1.3, S. 9 erwähnt, kommt es durch das unterschiedlich schnelle Wachstum der Hirnbläschen zu einem Abkippen des Neuralrohrs nach vorn zwischen Mittel- und Zwischenhirn um ca. 60°. Damit ergeben sich unterschiedliche topografische Bezeichnungen für Hirnstamm (1) sowie Zwischen- und Großhirn (2).

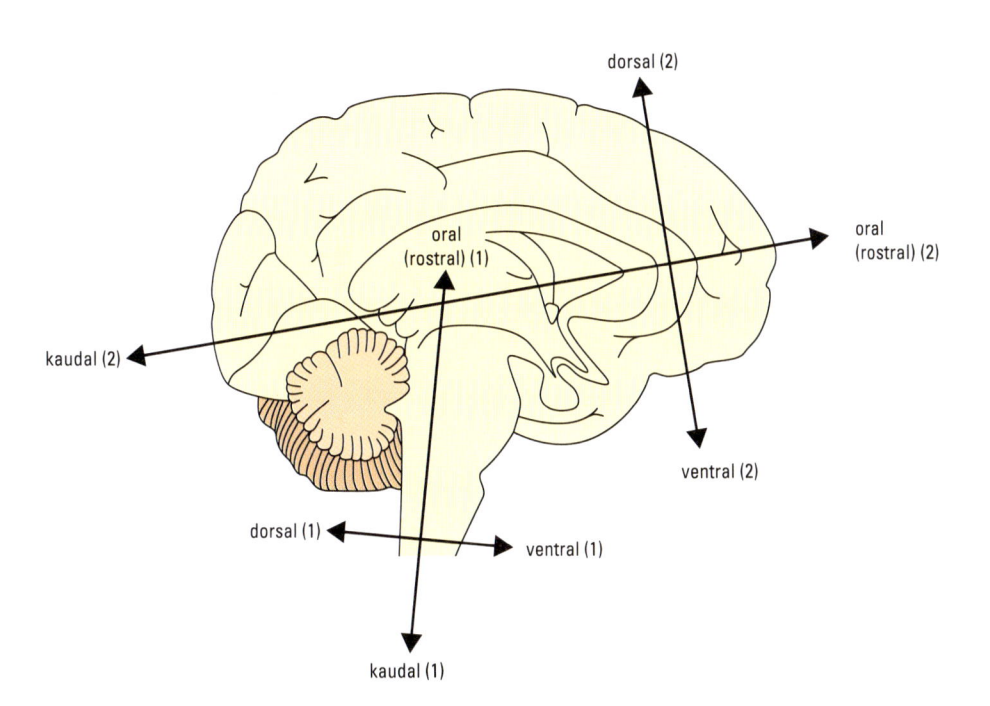

Abb. 15: Topografische Achsen

medi-learn.de/6-ana2-15

5 Makroskopie des Gehirns

5.2 Lateralansicht des Gehirns

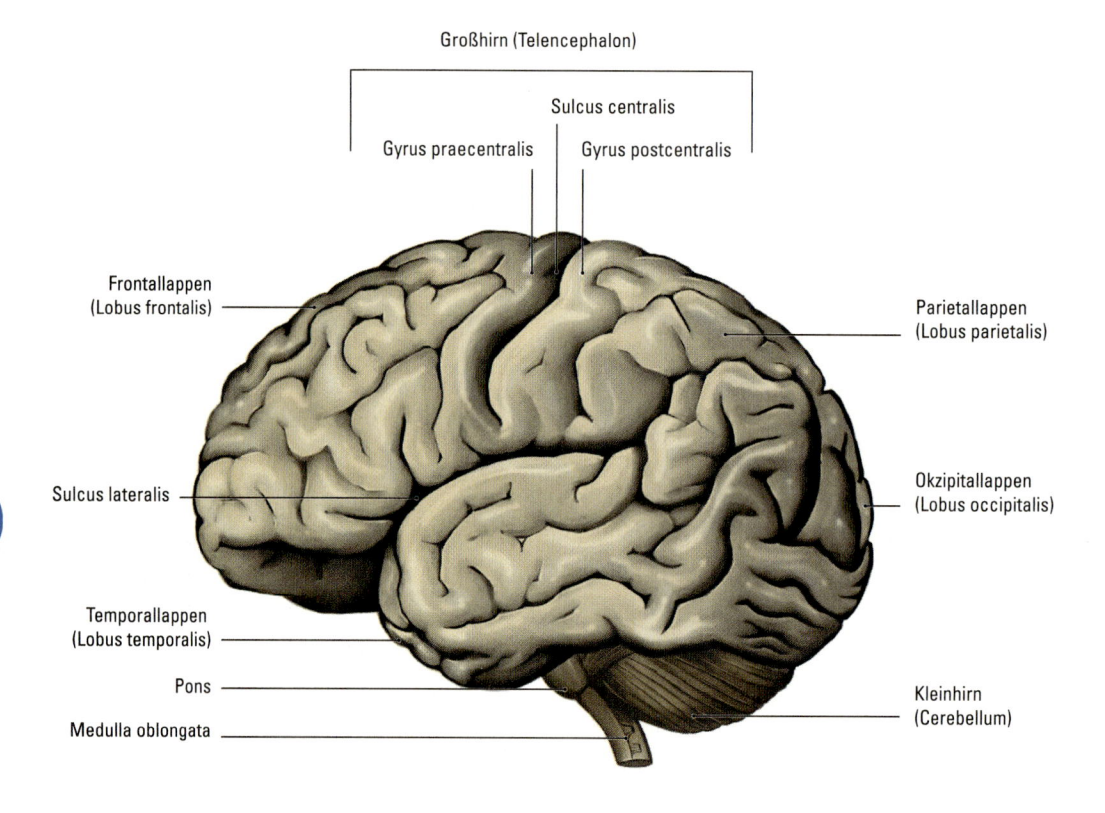

Abb. 16: Lateralansicht des Gehirns

medi-learn.de/6-ana2-16

5.3 Basalansicht des Gehirns

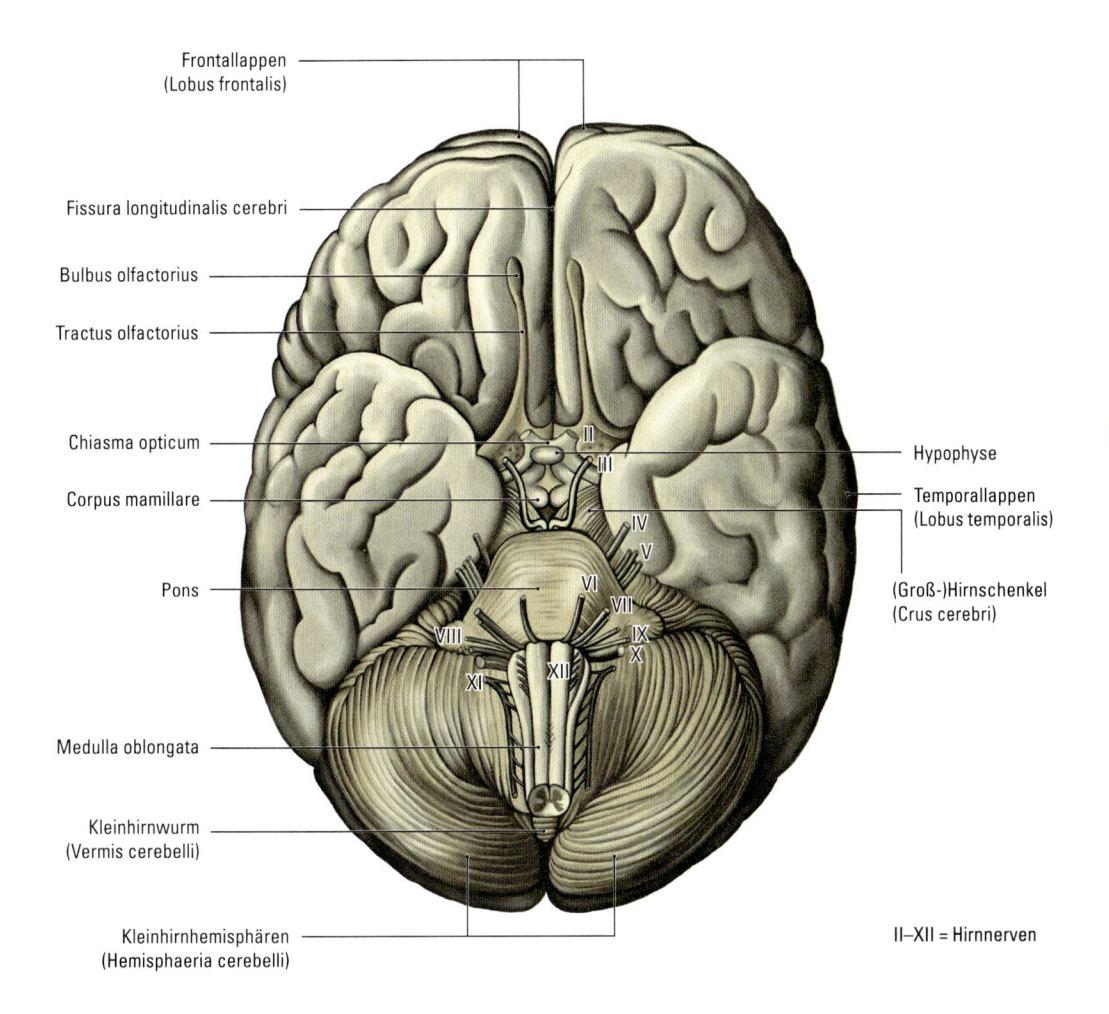

Abb. 17: Basalansicht des Gehirns

II–XII = Hirnnerven

medi-learn.de/6-ana2-17

5 Makroskopie des Gehirns

5.4 Medialansicht des Gehirns

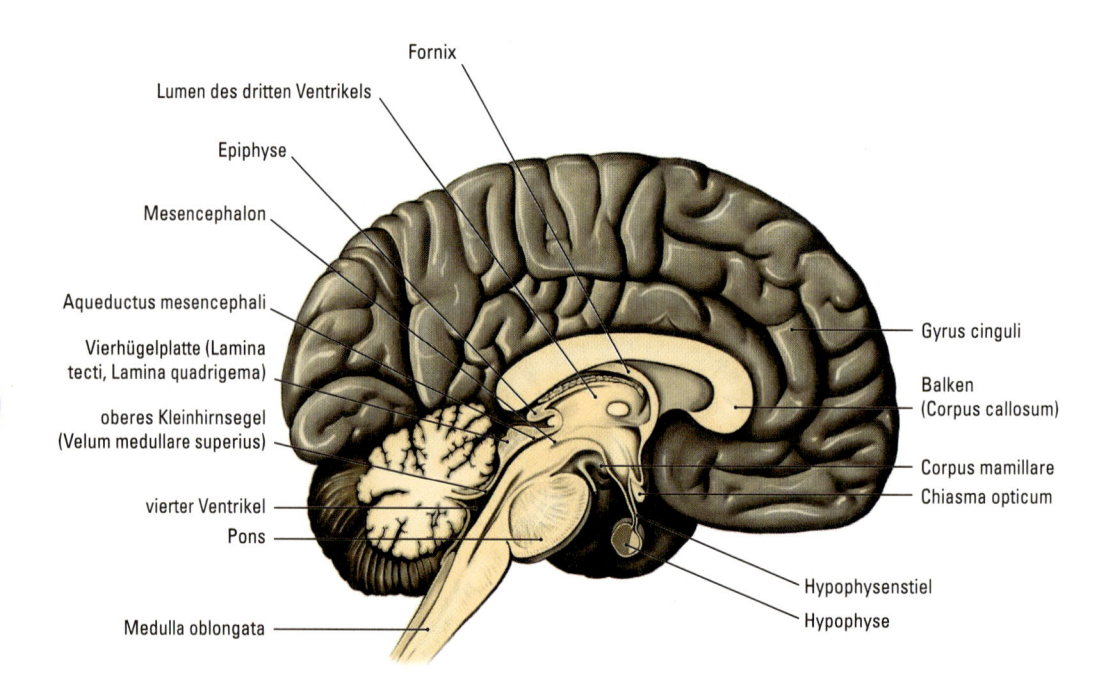

Abb. 18: Medialansicht des Gehirns

medi-learn.de/6-ana2-18

DAS BRINGT PUNKTE

Bei Fragen zum **Rückenmark** kannst du wieder gut mit diesem Faktenwissen punkten:
- Das Rückenmark ist ca. 40–45 cm lang, besteht aus acht Zervikal-, zwölf Thorakal-, fünf Lumbal- und fünf Sakralsegmenten.
- Das Rückenmark endet im Conus medullaris auf Höhe des ersten/zweiten Lendenwirbelkörpers.
- Dem Rückenmark selbst liegt die Pia mater an. Danach folgen nach außen Arachnoidea und Dura mater.
- Der Subarachnoidalraum ist der äußere Liquorraum des Rückenmarks und steht mit dem äußeren Liquorraum des Hirns in Verbindung.
- Im Querschnitt des Rückenmarks erkennt man graue (Perikaryen) und weiße (Bahnen) Substanz.
- Die graue Substanz gliedert sich in Hinterhorn (Afferenzen), Vorderhorn (Efferenzen) und Seitenhorn (nur im Thorakal-, Lumbal- und Sakralmark, sympathisch oder parasympathisch).
- In der weißen Substanz unterscheidet man aufsteigende (sensible) und absteigende (motorische) Bahnen.

Aber auch in diesem Kapitel lauern kleinere Schwierigkeiten wie: „Wo wird die Bahn verschaltet, wo kreuzt sie?" Tab. 8, S. 39 soll dir helfen, diese Hürde zu nehmen. Außerdem sind Fragen nach den verschiedenen Reflexen und den zugehörigen Bewegungssegmenten Physikumsdauerbrenner.

Auch wenn es dir nicht gefällt zum Thema **Makroskopie des Gehirns** hilft nur Lernen, Lernen, Lernen. Versuche makroskopisch den Überblick zu behalten und die Strukturen zu benennen, dann kannst du daraus deren Lage zueinander ableiten. Damit lassen sich die meisten Fragen auch schon beantworten. Echte Prüfungslieblinge gibt es hier nicht.

FÜRS MÜNDLICHE

Makroskopische Fragen werden gern an den Anfang einer mündlichen Prüfung gestellt. Damit kann der Prüfer schnell Faktenwissen (am Präparat lernen) abfragen und dies als Einstieg in anspruchsvollere Themen nutzen. An dieser Stelle – repräsentativ für alle anderen Strukturen – als Beispiel die Medulla oblongata:

1. Wie heißt diese Struktur? (Prüfer zeigt am Präparat auf die Medulla oblongata)
2. Bitte nennen Sie mir die Funktion der Medulla oblongata.
3. Erklären Sie bitte, wodurch die Medulla oblongata begrenzt wird.
4. Bitte erklären Sie, was der Conus medullaris ist.
5. Nennen Sie die Anzahl der Zervikalnervenpaare.
6. Bitte erläutern Sie, was ein Eigenreflex ist.
7. Kreuzen alle Pyramidenbahnfasern?
8. Was verstehen Sie unter einer schlaffen Lähmung?
9. Was verstehen Sie unter einer spastischen Lähmung?

FÜRS MÜNDLICHE

1. Wie heißt diese Struktur? (Prüfer zeigt am Präparat auf die Medulla oblongata)
Medulla oblongata.

2. Bitte nennen Sie mir die Funktion der Medulla oblongata.
Hier kreuzt der größte Teil der Pyramidenbahnen (motorische Fasern) und ca. 80 % der sensiblen Fasern. Außerdem enthält sie Anhäufungen von Nervenzellkernen (graue Substanz, Substantia grisea) mit lebenswichtigen vegetativen Zentren für Stoffwechsel, Atmung, Herzschlag, Blutgefäßweite, Reflexe (Husten, Niesen, Brechen, Schlucken, Lidschluss, Saugen des Säuglings). Des Weiteren liegen hier auch die Ursprungskerne der Hirnnerven VIII–XII.

3. Erklären Sie bitte, wodurch die Medulla oblongata begrenzt wird.
Die Medulla oblongata reicht per definitionem von der Pons (kranial) bis zum Abgang des ersten Zervikalnervs aus dem Rückenmark (kaudal).

4. Bitte erklären Sie, was der Conus medullaris ist.
Kaudales Ende des Rückenmarks.

5. Nennen Sie die Anzahl der Zervikalnervenpaare.
Acht.

6. Bitte erläutern Sie, was ein Eigenreflex ist.
Reiz und Antwort erfolgen in einem Organ.

7. Kreuzen alle Pyramidenbahnfasern?
Ja. 90 % in der Pyramide, 10 % auf Segmentebene.

8. Was verstehen Sie unter einer schlaffen Lähmung?
Eine schlaffe Lähmung ist immer eine periphere Lähmung, bei der der Muskel durch den peripheren Nerv nicht innerviert wird.

9. Was verstehen Sie unter einer spastischen Lähmung?
Eine spastische Lähmung ist immer eine zentrale Lähmung; es kommt durch Tonussteigerung der Muskulatur zur gesteigerten Auslösbarkeit von Eigenreflexen.

Pluspunkte sammelst du übrigens bei jedem Prüfer, wenn du zum Zeigen von Strukturen eine Sonde oder Pinzette verwendest. Am besten umfährst du die gefragten und benennst die angrenzenden Strukturen. Faktenwissen wird vom Prüfer einfach vorausgesetzt, und die Laune des Prüfers wird sicherlich kontinuierlich besser, je mehr du von dir aus (unaufgefordert) erzählst. Also trau dich!

Pause

Wieder ein paar Seiten geschafft!
Jetzt Pause und dann ran an das letzte Kapitel

Mehr Cartoons unter www.medi-learn.de/cartoons

6 Medulla oblongata und Pons

Fragen in den letzten 10 Examen: 16

Diese beiden Gebiete stehen topografisch sowie funktionell in engem Kontakt und werden deshalb hier zusammen besprochen.

6.1 Topografie

Per definitionem reicht die Medulla oblongata (verlängertes Mark) vom Abgang des ersten Zervikalnervs bis zur Pons (Brücke). Die Fasern der Pons haben alle einen queren Verlauf. Pons und Medulla oblongata bilden die Rautengrube, den Boden des vierten Ventrikels.

Mit Hilfe der beiden nachfolgenden Abbildungen kannst du dir einen Überblick über die Strukturen von der Medulla oblongata bis hin zum Diencephalon verschaffen. Auch hier hilft leider nur eins: Lernen am Präparat (s. IMPP-Bild 2, S. 59).

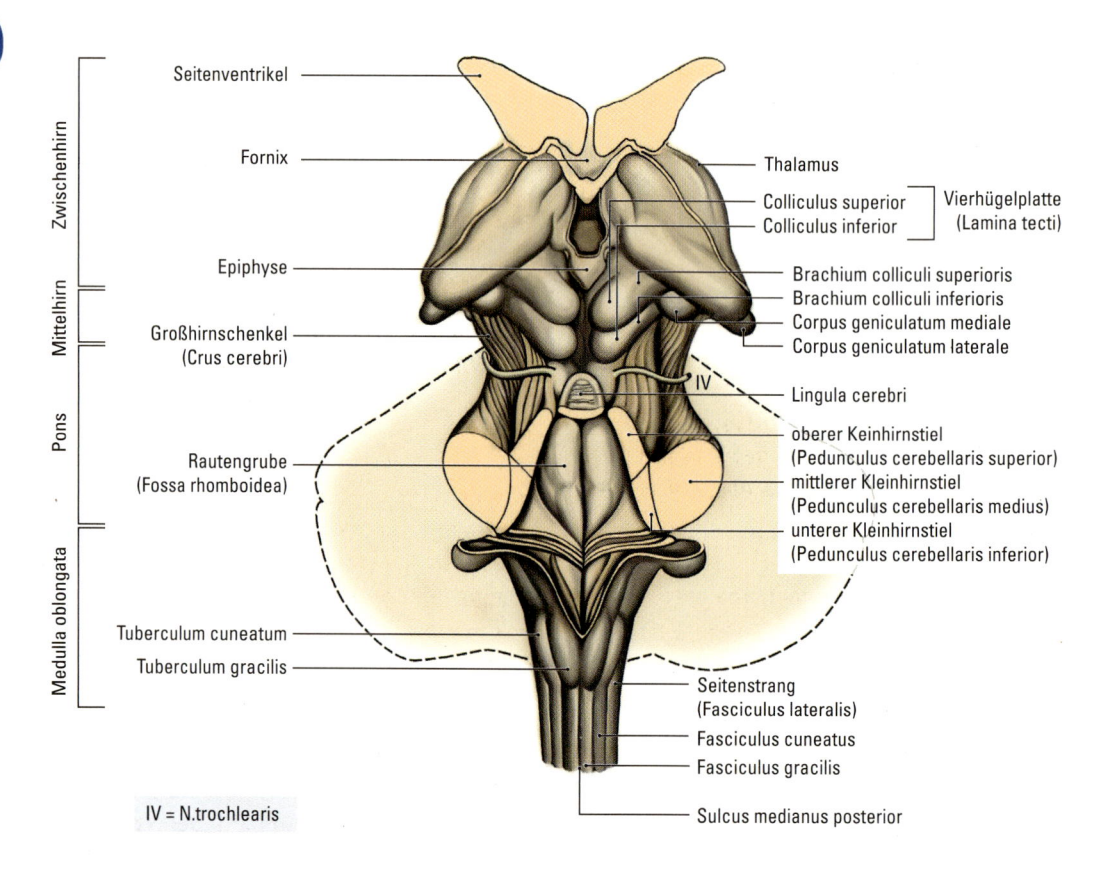

Abb. 19: Hirnstamm und Zwischenhirn von dorsokranial

6.2 Hirnnervenkerne

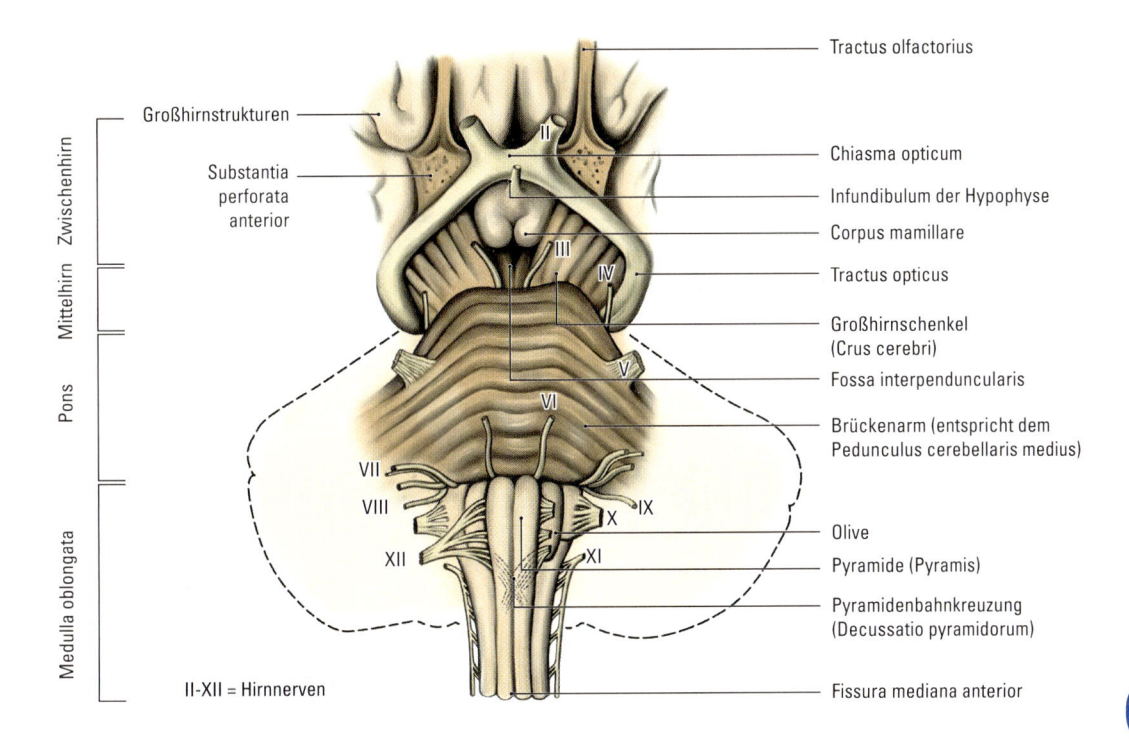

Abb. 20: Hirnstamm und Zwischenhirn von ventrobasal

medi-learn.de/6-ana2-20

6.2 Hirnnervenkerne

Die Hirnnerven wurden ja bereits in Kapitel 3, S. 15 besprochen. Hier geht es deshalb nur um deren Kerngebiete.

> **Merke!**
>
> Die Hirnnerven werden nach ihrem Austreten aus dem Gehirn nummeriert. Dabei beginnt die Zählung rostral am Großhirn (s. Abb. 20, S. 49).

6.2.1 Lage der Hirnnervenkerne im Hirnstamm

Im Hirnstamm liegen die Kerngebiete der Hirnnerven III–X und XII. Die Kerne des N. olfactorius liegen an der Großhirnbasis, die des N. opticus im Zwischenhirn und die des N. accessorius im zervikalen Rückenmark.

Ein Hirnnerv kann mehrere Kerngebiete haben und mehrere Hirnnerven können ein Kerngebiet haben.
Prinzipiell gilt: somatomotorische Kerne liegen mehr medial, somatosensible Kerne liegen mehr lateral. Viszeromotorische sowie viszerosensible Kerne liegen dazwischen.

Puhh...
Bei den vielen Kernen und Nerven kann man ganz schön Nerven lassen. Deshalb hier mein Vorschlag, um die wichtigsten Kerngebiete strukturiert zu lernen:

- Die Hirnnerven I, II, IV, VI, XI, XII haben jeweils nur ein Kerngebiet. Das ist schon einmal die Hälfte aller Hirnnerven! Die Hälfte davon besitzt rein somatomotorische Fasern (IV, VI, XI, XII).
- Der N. trigeminus besitzt eine Radix motoria und eine Radix sensoria. Der motorische Kern (Ncl. motorius n. trigemini) ist relativ klein – der N. trigeminus ist in erster Linie

6 Medulla oblongata und Pons

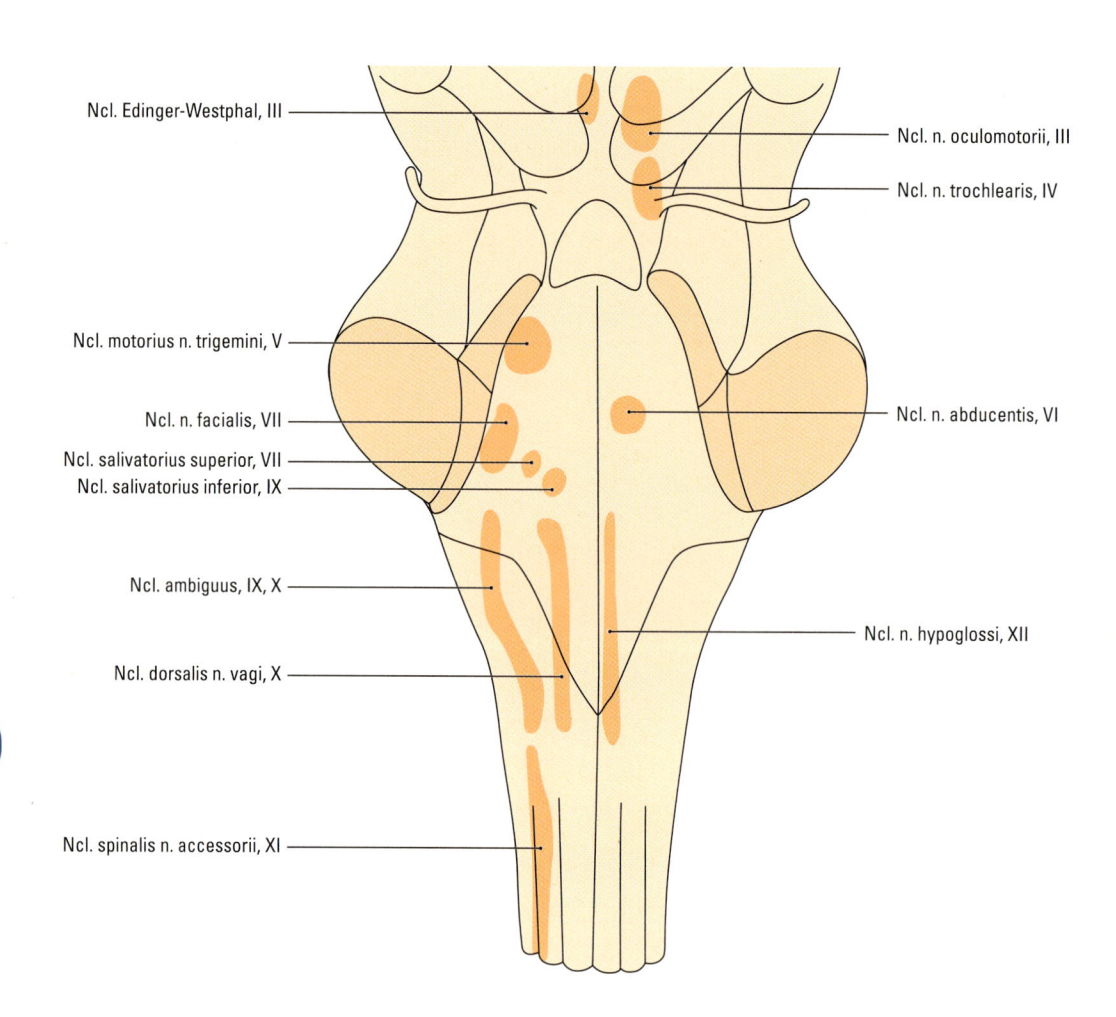

Abb. 21: Motorische Hirnnervenkerne

medi-learn.de/6-ana2-21

für die Sensibilität zuständig. Dementsprechend gibt es drei sensible Kerngebiete, die vom **Rückenmark** (Ncl. spinalis n. trigemini) über die **Pons** (Ncl. principalis n. trigemini) bis ins **Mittelhirn** (Ncl. mesencephalicus n. trigemini) reichen.

– Die parasympathischen Kopfganglien versorgen auch die Speicheldrüsen. Der N. facialis erhält Fasern aus dem **„oberen Speicheldrüsenkern"** (Ncl. salivatorius superior), weil er **oberhalb** des N. glossopharyngeus liegt. Der N. glossopharyngeus erhält Fasern aus dem **„unteren Speicheldrüsenkern"**, weil er **unterhalb** des N. facialis liegt.

– Um Geschmack wahrzunehmen, benötigen wir auch Nervenfasern. Diese laufen im N. facialis als Chorda tympani, im N. glossopharyngeus sowie im N. vagus. Alle drei Hirnnerven erhalten die Geschmacksfasern aus **einem Kerngebiet**, dem Ncll. tractus solitarii.

– Da der N. glossopharyngeus und der N. vagus topografisch eng benachbart verlaufen, haben sie auch gemeinsame Kerngebiete. Für die speziell-viszeromotorischen Fasern ist dies der Ncl. ambiguus.

Beide Hirnnerven haben aber auch sensible Anteile. Diese sind nicht so stark ausgeprägt wie beim N. trigeminus. Deshalb benötigen die sensiblen Anteile keine eigenen Kerngebiete (es reicht ja auch so schon!), sondern erhalten Fasern vom Ncl. spinalis n. trigemini.

6.2.1 Lage der Hirnnervenkerne im Hirnstamm

Ncl. mesencephalicus n. trigemini, V

Ncl. principalis n. trigemini, V (= Ncl. pontinus)

Ncl. tractus solitarii, VII, IX, X

Ncl. spinalis n. trigemini, V

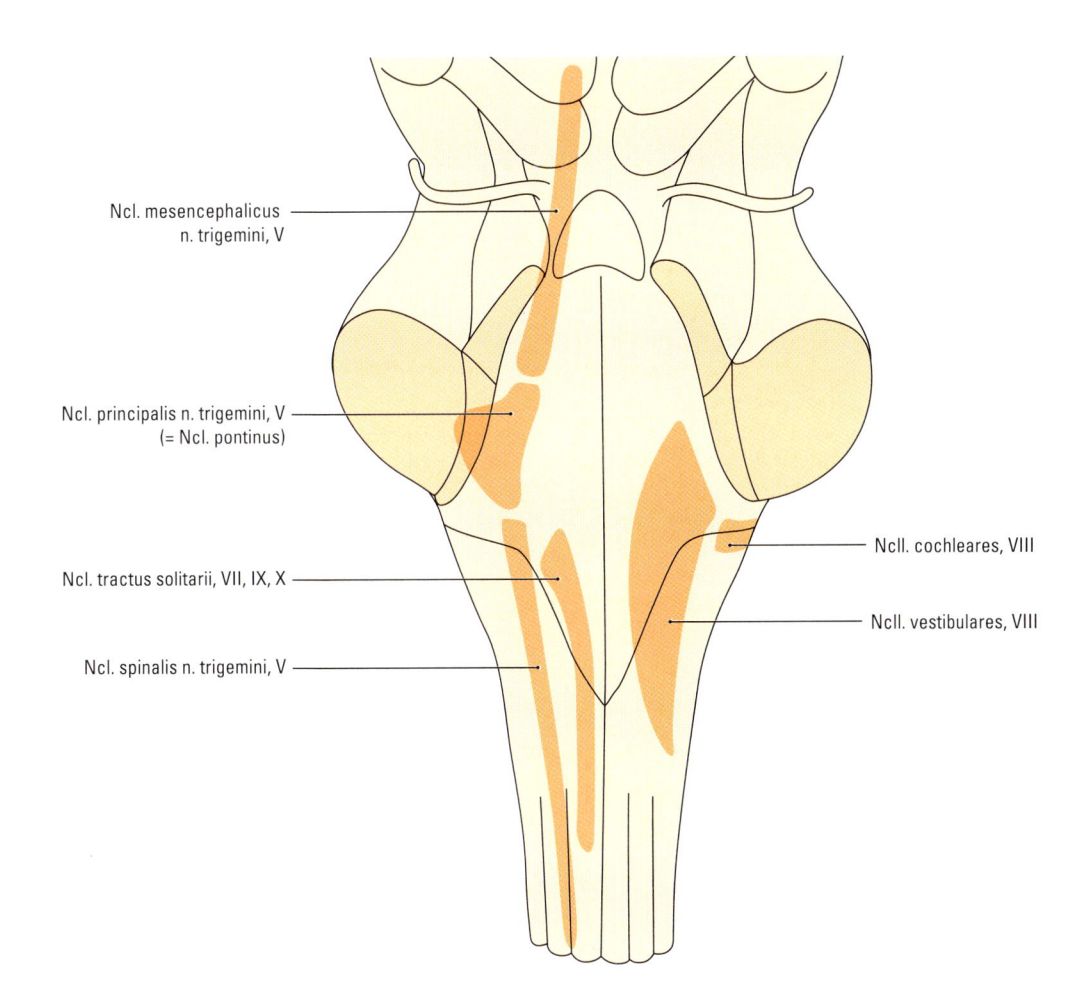

Ncll. cochleares, VIII

Ncll. vestibulares, VIII

Abb. 22: Sensible Hirnnervenkerne

medi-learn.de/6-ana2-22

Ncl. n. oculomotorii

Dieser somatomotorische Kern liegt kurz vor dem Aquädukt in Höhe der Colliculi superiores im Tegmentum mesencephali.

> **Übrigens ...**
> Bei Läsion dieses Kerngebiets steht das betroffene Auge nach lateral unten und das Augenlid hängt. Dementsprechend kommt es zu Doppelbildern. Da die beiden Okulomotorius Kerngebiete eng beieinander liegen, treten die Symptome häufig beiderseits auf.

Ncl. accessorius n. oculomotorii (Edinger-Westphal)

Dieser allgemein-viszeromotorische Kern führt parasympathische Fasern, die mit dem N. oculomotorius zum Auge laufen und dort die inneren Augenmuskeln (M. ciliaris, M. sphincter pupillae) innervieren.

6 Medulla oblongata und Pons

> **Merke!**
>
> Der M. dilatator pupillae wird sympathisch aus dem Seitenhorn des oberen Thorakalmarks innerviert.
> Merkhilfe: Wenn dir jemand **sympathisch** erscheint, weiten sich deine Pupillen.

> Übrigens …
> Bei Ausfall des Ncl. Edinger-Westphal ist die Pupille des betroffenen Auges geweitet und das Auge ist unfähig zu akkommodieren. Daraus resultiert eine Lichtüberempfindlichkeit sowie die Unfähigkeit, Dinge in der Nähe scharf zu sehen.

Ncl. n. trochlearis

Dieser rein somatomotorische Kern liegt in Höhe der Colliculi inferiores im Tegmentum. Die Fasern kreuzen direkt nach Verlassen des Kerns zur Gegenseite.
Der N. trochlearis ist der einzige Hirnnerv, der dorsal austritt.

> Übrigens …
> Bei Schädigung des Kerngebiets fällt die kontralaterale Seite aus. Es kommt zu Doppelbildern, bedingt durch die Fehlstellung des Bulbus oculi (nach oben medial und Außenrotation). Häufiger ist die Schädigung des N. trochlearis. Dabei weist das ipsilaterale Auge die Fehlstellung auf.

Ncl. motorius n. trigemini

Dieser speziell-viszeromotorische Kern versorgt ausschließlich die Radix motoria des N. trigeminus. Die Fasern verlassen mit dem N. mandibularis die Schädelhöhle und innervieren die Kaumuskulatur.

Ncl. spinalis n. trigemini

Im allgemein-somatosensiblen Ncl. spinalis n. trigemini enden größtenteils Fasern der **protopathischen** Sensibilität (Schmerz, Temperatur, grobe Berührungsempfindung) aus den Hirnnerven V, IX und X in somatotopischer Ordnung.

Ncl. principalis n. trigemini

Hier enden die Fasern für die **epikritische** Sensibilität (feine Berührungsempfindung) des Gesichts.

Ncl. mesencephalicus n. trigemini

In diesem allgemein-somatosensiblen Kerngebiet des N. trigeminus enden die **propriozeptiven** Fasern der Kaumuskulatur.

Ncl. n. abducentis

Dieser rein somatomotorische Kern innerviert den M. rectus lateralis.
Damit immer beide Augen in die gleiche Richtung schauen, existiert eine Verbindung zum Ncl. n. oculomotorii, damit das kontralaterale Auge nach medial blicken kann.

> Übrigens …
> Bei Schädigung des Ncl. n. abducentis kommt es häufig zu einer kompletten Blicklähmung zur Seite der Schädigung.

Ncl. n. facialis

Dieser speziell-viszeromotorische Kern innerviert die Gesichtsmuskulatur. Seine Afferenzen aus dem Großhirnkortex lassen sich in zwei Teile gliedern. Ein Teil versorgt die Lidschluss- und Stirnmuskulatur, der andere Teil versorgt die restliche mimische Muskulatur. Man unterscheidet zwischen zentraler und peripherer

6.2.1 Lage der Hirnnervenkerne im Hirnstamm

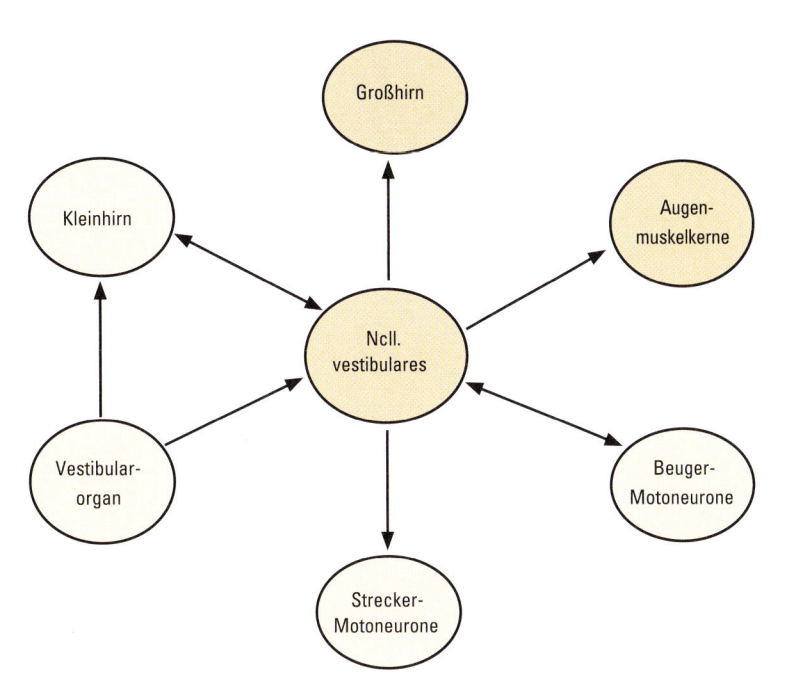

Abb. 23: Beziehungen der Ncll. vestibulares zu anderen Hirnstrukturen

medi-learn.de/6-ana2-23

(schlaffe Lähmung der betroffenen Seite) Fazialisparese (s. 3.8, S. 20 und s. Abb. 8, S. 21).

Ncll. tractus solitarii

Dieses sensorische Kerngebiet besteht aus mehreren Untergruppen und ist das einzige für Viszerosensibilität und **Geschmacksempfindungen**. Hier enden alle Geschmacksfasern von VII, IX und X. Ebenso enden hier Fasern aus den **Mechanorezeptoren** (vom Sinus caroticus), **Chemorezeptoren** (vom Glomus caroticum) und **Pressorezeptoren** (vom Aortenbogen).

Ncl. salivatorius superior

In diesem allgemein-viszeromotorischen Kern entspringen parasympathische Fasern zur Innervation der Tränen-, Nasen-, Gaumen- sowie Sublingual- und Submandibulardrüsen. Die parasympathischen (allgemein-viszeromotorischen) Kerngebiete werden nicht durch den Großhirnkortex gesteuert, sondern über den Hypothalamus. Die Verbindung vom Hypothalamus zum Hirnstamm erfolgt zum Großteil über den **Fasciculus longitudinalis posterior**.

Ncll. cochleares

In diesen sensorischen Kerngebieten enden Fasern, die Informationen aus dem Corti-Organ leiten. Die Efferenzen dieser Kerne bilden den **Lemniscus lateralis**, der zu den Colliculi inferiores des Mittelhirns zieht.

Ncll. vestibulares

Hier enden sensorische Fasern aus den Vestibularorgangen (Sacculus, Utriculus und Bogengänge). Efferenzen ziehen zum Thalamus, Kleinhirn, zu den Augenmuskelkernen, der Formatio reticularis und dem Rückenmark.

6 Medulla oblongata und Pons

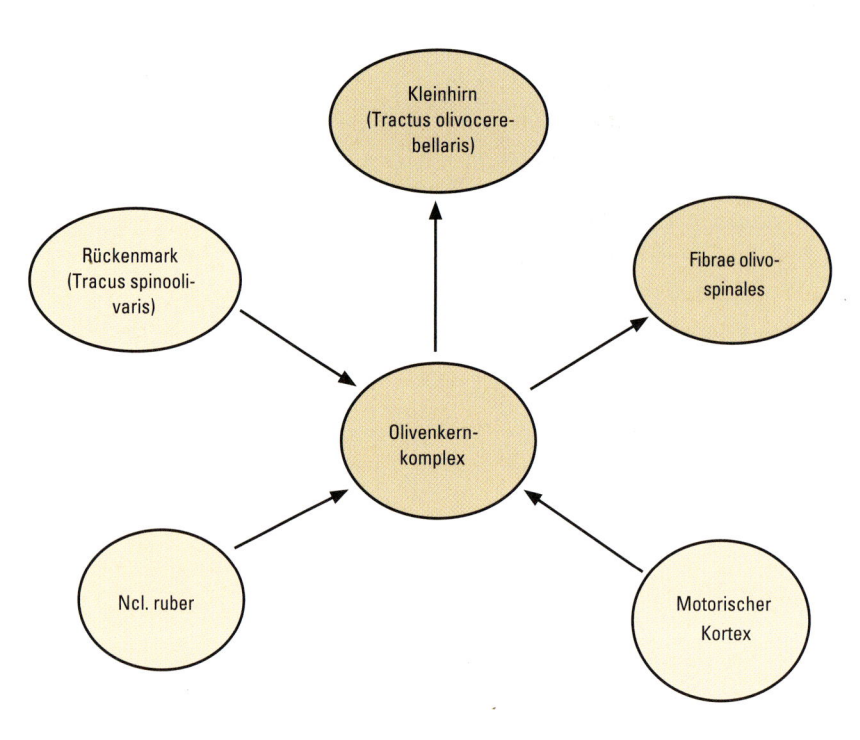

Abb. 24: Afferenzen und Efferenzen des Olivenkernkomplexes

medi-learn.de/6-ana2-24

> **Merke!**
>
> Das Vestibularorgan hat drei Aufgaben:
> - **Regulation der Körperhaltung,**
> - **Raumorientierung** und
> - **Blickstabilisierung**.
>
> Eine Störung führt daher zu
> - **Gleichgewichtsstörungen,**
> - **Schwindel** und
> - **Nystagmus**.

Um diesen wesentlichen Aufgaben gerecht zu werden, besitzen die Ncll. vestibulares Verbindungen zu verschiedenen Hirnstrukturen (s. Abb. 23, S. 53). Besonders wichtig ist der **Tractus vestibulospinalis**. Um Fallbewegungen zu korrigieren, ist es sinnvoll, Streckbewegungen zu aktivieren und Beugebewegungen zu hemmen.

Ncl. ambiguus

Dieser viszeromotorische Kern innerviert die Schlund- und Gaumenmuskulatur sowie die Kehlkopfmuskulatur.

Ncl. salivatorius inferior

Die viszeromotorischen (parasympathischen) Fasern innervieren die Glandula parotis sekretorisch.

> **Merke!**
>
> Es gibt zwei Kerngebiete für die sekretorische Innervation der Speicheldrüsen:
> - **Ncl. salivatorius superior** (Tränen-, Nasen-, Gaumen- sowie Sublingual- und Submandibulardrüsen)
> - **Ncl. salivatorius** inferior (Ohrspeicheldrüse)

Ncl. dorsalis n. vagi

Dieser viszeromotorische Kern innerviert parasympathisch den Körper vom Hals abwärts bis zur linken Kolonflexur.

Ncl. n. accessorii

Eigentlich handelt es sich beim N. accessorius um keinen echten Hirnnerv. Er entspringt aus dem zervikalen Rückenmark und hat seinen speziell-viszeromotorischen Kern im Vorderhorn des Zervikalmarkes von C1 bis C5 liegen.

Ncl. n. hypoglossi

Der somatomotorische Kern innerviert motorisch die Zungenmuskulatur.
Der N. hypoglossus ist der einzige Hirnnerv, der ventral der Olive austritt.

> **Übrigens ...**
> Bei einer Lähmung des Kerns weicht die Zunge zur gelähmten Seite ab.

6.3 Kernkomplexe in Medulla oblongata und Pons

In Medulla oblongata und Pons liegen Kernkomplexe, die für die Feinabstimmung der Bewegung große Bedeutung haben. Die Efferenzen dieser Kerne stellen wesentliche Afferenzen des Kleinhirns dar.

6.3.1 Olivenkernkomplex

Lateral der Pyramiden liegen die Oliven mit den Olivenkernkomplexen (Ncll. olivares inferiores), die für die Bewegungskoordination große Bedeutung haben.

Abb. 24, S. 54 zeigt die Afferenzen und Efferenzen des Olivenkernkomplexes. Der Tractus olivocerebellaris kreuzt zur Gegenseite, läuft durch den unteren Kleinhirnstiel in die kontralaterale Kleinhirnhälfte und endet als Kletterfasern. Die Olive spielt eine wichtige Rolle bei der Koordination und Feinabstimmung von Präzisionsbewegungen. Sie arbeitet eng mit dem Kleinhirn zusammen und vermittelt Impulse von Rückenmark und Großhirn sowie Ncl. ruber an das Kleinhirn.

Über einen Neuronenkreis werden Änderungen, die vom Kleinhirn initiiert werden, sofort an dieses zurückgemeldet. Damit kann schnell und effektiv der Bewegungsablauf beeinflusst werden.

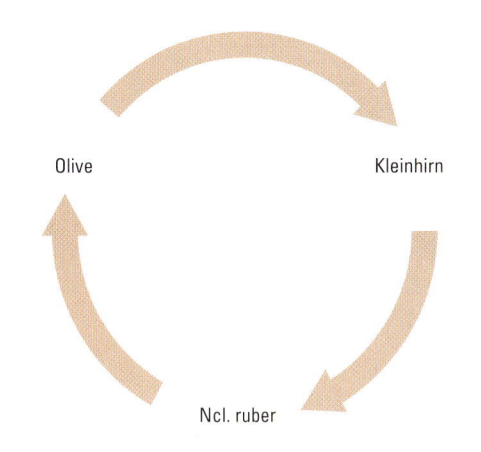

Abb. 25: Neuronenkreis Kleinhirn – Ncl. ruber – Olive – Kleinhirn   *medi-learn.de/6-ana2-25*

> **Übrigens ...**
> Schädigungen der Olive führen zu Störungen des glatten Ablaufs von Bewegungen, Herabsetzung des Muskeltonus und gelegentlich Gang- und Standstörungen. Durch die enge Verknüpfung mit dem Kleinhirn haben sie viel mit den Störungen des Kleinhirns gemein (s. Skript Anatomie 3).

6.3.2 Ncll. pontis (Brückenkerne)

Die Ncll. pontis liegen weit ventral in der Pons und erhalten ihre Afferenzen größtenteils über den **Tractus corticopontinus**. Nach Kreuzung zur kontralateralen Seite projizieren die Brückenkerne über den mittleren Kleinhirnstiel ins Kleinhirn.

Sie spielen eine noch wichtigere Rolle in der Funktion des Kleinhirns als die Oliven. Ihre

6 Medulla oblongata und Pons

Afferenzen erhalten die Brückenkerne vom Assoziationskortex, Impulse zur Feinabstimmung geben sie als Efferenzen an das Kleinhirn weiter.

> **Übrigens ...**
> Eine Schädigung der Ncll. pontis sieht klinisch häufig wie eine Schädigung des Kleinhirns selbst aus, da die Brückenkerne die wichtigste Afferenz des Kleinhirns darstellen.

6.3.3 Ncl. gracilis und Ncl. cuneatus

An der Hinterwand der Medulla oblongata liegt medial das Tuberculum gracile mit dem Ncl. gracilis. Dort wird die epikritische Afferenz von Rumpf und unterer Körperhälfte umgeschaltet. Lateral davon liegt im Tuberculum cuneatum der Ncl. cuneatus. Dort wird die epikritische Sensibilität des Arm- und Halsbereichs verschaltet. Die gemeinsame Efferenz ist der **Lemniscus medialis**. Er kreuzt in der Medulla oblongata zur Gegenseite und zieht zum kontralateralen Thalamus. Dort wird die epikritische Sensibilität auf das dritte Neuron umgeschaltet, um von dort schließlich zum somatosensiblen Kortex zu gelangen.

DAS BRINGT PUNKTE

Häufig waren Fragen zu den **Ncll. tractus solitarii**. Dazu solltest du unbedingt wissen, dass
- sie das einzige Zentrum für Viszerosensibilität und **Geschmacksempfindungen** über VII, IX und X sind,
- dort Fasern aus Mechanorezeptoren (aus dem Sinus caroticus über IX) und Chemorezeptoren (aus dem Glomus caroticum über IX) enden und
- dorthin über den N. vagus sensible Informationen aus Lunge, Trachea, Ösophagus und Epiglottis gelangen.

Einige Fragen kamen auch zum **Ncl. ambiguus**. Hier ließ sich mit folgenden Fakten punkten:
- Der Ncl. ambiguus ist das Kerngebiet für den N. glossopharyngeus und den N. vagus.
- Der Ncl. ambiguus innerviert Schlund-, Gaumen- und Kehlkopfmuskulatur viszeromotorisch.

Weiterhin gern gefragt wurde zu den **Hinterstrangbahnen und -kernen**, dass
- der Ncl. gracilis die epikritische Afferenz von Rumpf und unterer Körperhälfte empfängt,
- der Ncl. cuneatus die epikritische Afferenz des Arm- und Halsbereichs ist und
- der **Lemniscus medialis** die gemeinsame Efferenz ist.

Wer die Makroskopie drauf hat, kann mit der Benennung von Hirnnerven und Kerngebieten auch gut punkten. Bislang wurden hier verschiedenste Bildbeilagen gebracht, auf denen du den Nerv erkennen solltest. Wichtig sind auch die einzelnen Informationsqualitäten und Kerngebiete.

Leider ist das auch wieder eine lern- und zeitintensive Aufgabe. Aber wenn du das drauf hast, kannst du dir die Informationsqualitäten der Hirnnerven herleiten und damit auch die Fragen problemlos lösen.

FÜRS MÜNDLICHE

Mit folgenden Fragen zum Thema „Medulla oblongata und Pons" kannst du dich auf deine mündliche Prüfung vorbereiten:

1. Bitte erläutern Sie, welches Kerngebiet für die Geschmacksempfindung zuständig ist.

2. Erklären Sie bitte, ob eine Schädigung des N. glossopharyngeus von einer Schädigung seiner Kerngebiete zu unterscheiden ist.

3. Nennen und begründen Sie bitte, welcher Hirnnerv kein echter Hirnnerv ist.

4. Erklären Sie bitte, welche Qualität die am weitesten lateral/medial liegenden Hirnnervenkerne haben.

5. Hat jeder Hirnnerv ein eigenes Kerngebiet?

6. Bitte erklären Sie, woran man den Ausfall des Ncl. n. abducentis bzw. des N. abducens klinisch unterscheiden kann.

FÜRS MÜNDLICHE

1. Bitte erläutern Sie, welches Kerngebiet für die Geschmacksempfindung zuständig ist.
Ncll. tractus solitarii.

2. Erklären Sie bitte, ob eine Schädigung des N. glossopharyngeus von einer Schädigung seiner Kerngebiete zu unterscheiden ist.
Periphere Schädigung: kompletter Ausfall von Sensorik, Sensibilität, Viszeromotorik und Somatomotorik. Der N. IX besitzt vier Kerngebiete. Bei Ausfall eines Kerngebiets fällt auch nur dessen Funktion aus.

3. Nennen und begründen Sie bitte, welcher Hirnnerv kein echter Hirnnerv ist.
Der N. XI. Er entspringt aus dem Ncl. accessorii im Vorderhorn des Zervikalmarks C1–C5. Lediglich seine Radix cranialis aus dem Ncl. ambiguus zieht durch das Foramen jugulare zum N. vagus.

4. Erklären Sie bitte, welche Qualität die am weitesten lateral/medial liegenden Hirnnervenkerne haben.
Lateral – somatosensibel,
medial – somatomotorisch.

5. Hat jeder Hirnnerv ein eigenes Kerngebiet?
Nein! Die Hirnnerven haben verschiedene Faserqualitäten aus verschiedenen Hirnnervenkernen.

6. Bitte erklären Sie, woran man den Ausfall des Ncl. n. abducentis bzw. des N. abducens klinisch unterscheiden kann.
Kernschädigung: Koordination beider Augen gestört – Doppelbilder.
Periphere Schädigung: Koordination nur eines Auges gestört – Doppelbilder.

Pause

Geschafft! Hier noch ein kleiner Cartoon als Belohnung ...

IMPP-Bilder

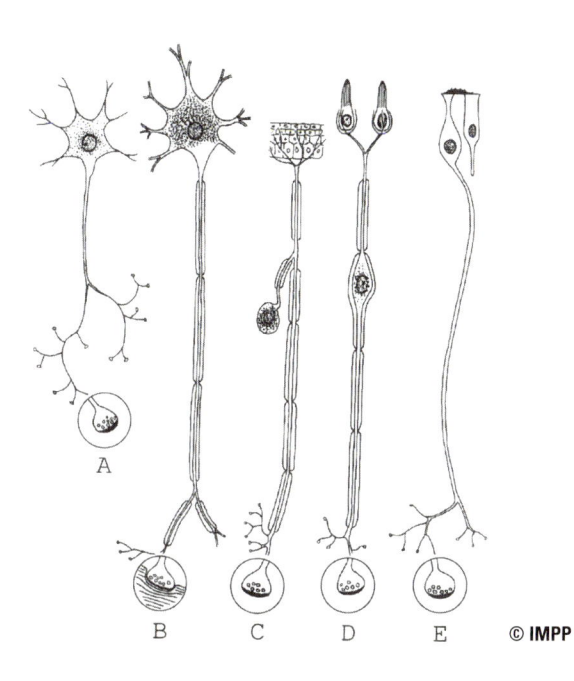

A multipolares Neuron
B multipolares Motoneuron, dessen Zellkörper im ZNS liegt
C pseudounipolares Neuron, dessen Zellkörper im Spinalganglion liegt
D bipolares Neuron, dessen Zellkörper z. B. im Ganglion vestibulare liegt
E unipolares Neuron, dessen Zellkörper z. B. im Riechepithel liegt

IMPP-Bild 1: Neuronentypen
medi-learn.de/6-ana2-impp1

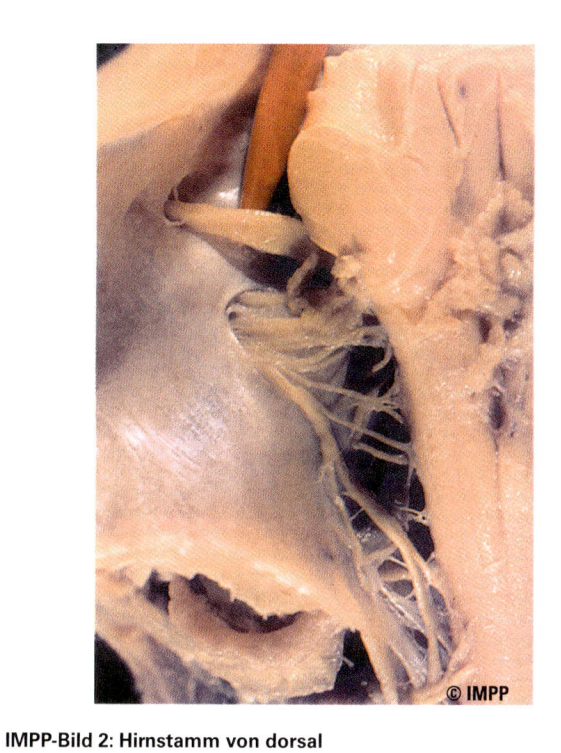

Anhang

Diese Abbildung zeigt den Hirnstamm von dorsal, wobei das Kleinhirn entfernt ist. Auf der Sonde liegt der N. facialis, darunter befinden sich der N. glossopharyngeus und der N. vagus. Am rechten Bildrand sieht man die Rautengrube.

IMPP-Bild 2: Hirnstamm von dorsal
medi-learn.de/6-ana2-impp2

DEINE FRAGE VIELE ANTWORTEN

WWW.MEDI-LEARN.DE/SKR-FOREN

AB DEM 5. SEMESTER GEHT ES ERST RICHTIG LOS

MEDI-LEARN FOREN

MEDI-LEARN®

Index

A
Axon 2, 4, 5, 6, 16

B
Blickstabilisierung 54
Blut-Hirn-Schranke 6
Bogengänge 22, 53

C
Chiasma opticum 16

D
Dendriten 2, 4, 6
Diencephalon 9, 48

E
Epiduralraum 32

F
Fasciculus 36, 53
– longitudinalis posterior 53
Faserqualität 16, 17, 21, 23, 36, 39, 58
– parasympathisch 23
– sensorische 16
– somatomotorisch 17, 20
– somatosensibel 19, 22, 23
– speziell-somatosensibel 16
– speziell-viszerosensibel 16, 19, 21
– viszeromotorisch 21, 23
Fazialisparese 21, 26, 53
Foramen 19, 22, 24, 26
– jugulare 22
– ovale 19
– rotundum 19
– spinosum 19
Formatio reticularis 39, 53

G
Ganglion 16, 18, 19, 20, 22, 24, 34
– pterygopalatinum 20
– submandibulare 20
Gesichtsfeld 16
Gleichgewichtsstörung 54
Glia 2, 5, 11

Großhirn 9, 34, 41, 49, 53, 55
Großhirnrinde 36

H
Hinterhorn 33, 34
Hintersäule 33
Hirnhaut 16, 18, 19, 30
Horner-Syndrom 17
Hypophyse 16
Hypothalamus 53

I
Intumescensia 30

K
Kiemenbogen 10, 12
Kletterfasern 55

L
Lamina cribrosa 16
Leitungsgeschwindigkeit 5, 12

M
Membranduplikaturen 5
Meningen 9, 19, 23
Mesencephalon 9
Motoneurone 30, 34, 38

N
Ncl. salivatorius inferior 54
Ncl. salivatorius superior 54
Nervensystem 1, 2, 5, 9, 12
– peripheres 1
– somatisches 1, 12
– vegetatives 1, 12
– zentrales 1
Neuralleiste 5, 9, 11
Neuralrohr 6, 11, 12, 41
Neuron 1, 2, 4, 5, 6, 11, 20, 24, 34
– bipolares 4, 12
– multipolares 4, 12
– pseudounipolares 4, 7, 12
– unipolares 5, 12
Neuronenkreis 55
Neurotransmitter 4, 34
Nystagmus 54

Index

P
Parasympathikus 2, 28
Parese 26, 38
Periduralraum 32
Perikaryen 7
Plexus choroideus 11
Propriozeption 34, 39
Prosencephalon 9
Pupillenreflex 17
Pyramidenbahn 37, 39, 46

R
Raumorientierung 54
Rautengrube 48
Regulation der Körperhaltung 54
Renshaw-Zellen 35
Rhombencephalon 9

S
Sacculus 22, 53
Schwann-Zelle 5, 11
Schwindel 54
Seitenhorn 33

Seitenstrang 33
Sensibilität 52
– epikritische 52
Subarachnoidalraum 32, 45
Sympathikus 2

T
Telencephalon 9
Thalamus 34, 36, 53

U
Utriculus 22, 53

V
Vestibularorgan 22, 53
Vierhügelplatte 17
Vorderhorn 33, 34
Vordersäule 33
Vorderstrang 33

W
Waller-Degeneration 6

Deine Meinung ist gefragt!

Es ist erstaunlich, was das menschliche Gehirn an Informationen erfassen kann. Slbest wnen kilene Fleher in eenim Txet entlheatn snid, so knnsat du die eigneltchie lofnrmotian deoncnh vershteen – so wie in dsieem Text heir.

Wir heabn die Srkitpe mecrfhah sehr sogrtfältg güpreft, aber vilcheliet hat auch uesnr Girehn – so wie deenis grdaee – unbeswust Fheler übresehne. Um in der Zuuknft noch bsseer zu wrdeen, bttein wir dich dhear um deine Mtiilhfe.

Sag uns, was dir aufgefallen ist, ob wir Stolpersteine übersehen haben oder ggf. Formulierungen verbessern sollten. Darüber hinaus freuen wir uns natürlich auch über positive Rückmeldungen aus der Leserschaft.

Deine Mithilfe ist für uns sehr wertvoll und wir möchten dein Engagement belohnen: Unter allen Rückmeldungen verlosen wir einmal im Semester Fachbücher im Wert von 250 Euro. Die Gewinner werden auf der Webseite von MEDI-LEARN unter www.medi-learn.de bekannt gegeben.

Schick deine Rückmeldung einfach per E-Mail an support@medi-learn.de oder trag sie im Internet in ein spezielles Formular für Rückmeldungen ein, das du unter der folgenden Adresse findest:

www.medi-learn.de/rueckmeldungen